La folle histoire
du rouge à lèvres

ISBN : 978-2-7335-0461-1
Dépôt légal : octobre 2023

170 *bis*, boulevard du Montparnasse, 75014 Paris

Rachel Kahn & Christophe Fort

La folle histoire du rouge à lèvres

HERSCHER

Sommaire

En guise d'amuse-bouche

Quoi de plus anodin qu'un fard à lèvres ? Et pourtant, depuis son apparition qui remonte à 3 000 ans av. J.-C., jusqu'à sa version écologique, et recyclable, c'est un baromètre de la longue et sinueuse marche des femmes vers leur émancipation. Quel que soit son contenant, flacon de verre égyptien, fiole romaine, boîte en argent ciselé anglaise ou le cylindre coulissant qui nous est familier, il a toujours été un enjeu de séduction et de pouvoir entre les hommes et les femmes.

Aussi loin que les archéologues sont remontés dans le temps, ils ont mis au jour des vestiges de la passion des femmes pour ces artifices qui subliment leur beauté, assoient leur pouvoir et affirment leur liberté. Même si de très nombreuses découvertes reculent encore sa date d'apparition, c'est aux Sumériens que l'on devrait le premier rouge à lèvres. Des archéologues allemands ont trouvé, dans une tombe d'Ur, le premier fard à lèvres connu : une crème rouge à base de pierres précieuses broyées, mélangées à des matières grasses. Un petit onguent totalement inoffensif qui aura une vie longue et tumultueuse.

Tout au long de leur histoire, de l'Orient à l'Occident, les femmes se sont employées à parfaire leur beauté, et l'autorité masculine à la contrôler. Depuis toujours, elles ont coloré artificiellement leurs lèvres, sauf quand des hommes, abusant de leur pouvoir, s'en mêlaient. Une telle pratique pouvait, selon le contexte politique ou religieux, apparaître comme acceptable ou immorale et, dans ce cas, s'avérer dangereuse pour celles qui passaient outre l'interdit. Hommes d'influence ou d'Église, ils avaient une même marotte, refuser aux femmes de rehausser leur charme grâce à des artifices auxquels ils ne prêtaient qu'un but : égarer et pervertir les hommes. Le fard à lèvres — plus ostentatoire que d'autres embellissements — subissait particulièrement leurs foudres.

Et pour cause, des psychologues ont théorisé ceci : les lèvres maquillées excitent le désir des hommes qui les saturent de connotations sexuelles. Au XVIIIe siècle, le parlement britannique a envisagé une loi interdisant le rouge à lèvres et menaçe les femmes fardées de prison, pour sorcellerie. Dans les années 1920, aux États-Unis, des femmes ont été accusées d'inoculer du poison aux hommes grâce à leur rouge à lèvres. Accusation aberrante puisqu'elles en auraient été les premières victimes. Pourtant, l'industrie américaine des produits cosmétiques a failli ne pas s'en remettre.

Il y a à peine une soixantaine d'années, les régimes communistes considéraient comme une perversion capitaliste l'utilisation du rouge à lèvres et en organisaient la pénurie. La République islamique d'Iran de Khomeiny avait interdit les cosmétiques dans les années 1980. Les jeunes femmes qui défiaient cette interdiction et se montraient en public les lèvres maquillées subissaient une punition terrifiante : l'élimination de leur rouge à lèvres à la lame de rasoir. Aujourd'hui, le même régime théocratique d'Iran, comme celui d'Afghanistan, menace de fouet ou de prison les femmes qui osent se farder. Ce ne sont là que quelques exemples du combat millénaire que les hommes ont mené contre ce petit objet, symbole à leurs yeux de toutes les perversions. Et pas seulement les tenants du pouvoir ou les religieux. Dans sa longue trajectoire, le rouge à lèvres a rencontré d'autres adversaires, moins répressifs, certes, mais tout aussi dangereux pour sa survie.

Dans les années 1970, il subit un double ostracisme : celui du mouvement hippie, adepte d'une beauté au naturel, et celui du féminisme militant, hostile aux artifices destinés à embellir les femmes. Aujourd'hui encore, les néo-féministes n'ont toujours pas soldé la question. Les plus radicales d'entre elles, pour qui il est un symbole d'aliénation des femmes, ont lancé, dans le sillage de

#Balancetonporc, #Balancetonrouge. Mais depuis toujours, aussitôt qu'on veut les priver de leur accessoire de séduction magique, les femmes rusent et s'insurgent. Pendant la Première Guerre mondiale, elles ont profité de l'absence des hommes mobilisés sur le front pour se réapproprier le rouge à lèvres, réservé alors aux prostituées et aux comédiennes. Dans les années 1970, après la courte disette imposée par le retour au naturel prôné par les hippies, elles se sont ruées sur leur bâton de rouge, dans le sillage des divas du disco et des stars de Hollywood.

Depuis 2016, lors de la Journée internationale des droits des femmes, des hommes, célèbres ou inconnus, peignent leurs lèvres en rouge pour afficher leur solidarité avec les femmes dans leur combat contre les violences subies. Ce jour-là, hommes et femmes se réconcilient autour du symbole féminin par excellence: le rouge à lèvres.

C'est cette saga du rouge à lèvres que nous nous proposons de raconter. Une histoire qui a commencé avec la naissance de l'humanité et qui se prolonge aujourd'hui à travers des péripéties et des rebondissements qui en font la richesse. Cependant, et c'est une évidence, l'histoire du rouge à lèvres ne peut être déconnectée de l'histoire de la beauté ; c'est la raison pour laquelle elles seront étroitement liées dans notre récit et fusionneront souvent, l'une nourrissant l'autre, l'une éclairant l'autre.

1re partie

Le DÉFILÉ des REINES

du ROUGE

1

L'ÉGYPTE ANTIQUE

À tout seigneur tout honneur! On ne peut pas raconter l'histoire du rouge à lèvres sans rendre à César ce qui est à César, ou plutôt sans rendre à sa belle Cléopâtre ce qui revient à Cléopâtre. Car les deux premières figures historiques les plus emblématiques du rouge à lèvres sont évidemment deux femmes et, ce n'est pas un hasard, deux reines.

Cléopâtre, donc, dernière reine d'Égypte, pour qui les lèvres peintes étaient un marqueur de pouvoir et un lien spirituel avec l'au-delà et Elizabeth Ier, reine d'Angleterre, qui investissait le rouge à lèvres de pouvoirs magiques et protecteurs.

Toutes les deux, à plus de 1600 ans d'écart, seront les «influenceuses» majeures de leur époque et feront au rouge à lèvres une place de choix dans leur vie et par extension... dans leur royaume. Sans obstacle pour Cléopâtre qui détenait tous les pouvoirs... mais avec quelques turbulences pour Elizabeth, confrontée aux foudres d'un clergé dont elle était pourtant la chef suprême.

◄ Tête d'albâtre peinte provenant du trésor de Toutankhamon. 1567-1320 av. J.-C.

Si Cléopâtre manifestait une véritable obsession pour le rouge à lèvres, celle-ci n'était pas qu'esthétique. Pour les Égyptiens, le maquillage des lèvres avait également et surtout un sens spirituel et une fonction religieuse. S'ils prêtaient au fard pour les yeux des pouvoirs protecteurs contre le « mauvais œil », selon leurs croyances, le rouge à lèvres protégeait des maladies susceptibles de pénétrer dans le corps par la bouche.

Cette dimension religieuse se cumulait avec ses fonctions esthétiques et sociales. À l'inverse de notre époque, en Égypte, le rouge à lèvres marquait une différence de classe plus qu'une différence de genre. Car si au XXIe siècle, le rouge à lèvres masculin reste marginal, les Égyptiens avaient l'obligation de se farder les lèvres, mais également de se poudrer la peau de jaune ocre, sans aucune distinction de sexe. Une seule condition : appartenir à la haute société égyptienne.

CLÉOPÂTRE

Dernier pharaon de l'Égypte ancienne, Cléopâtre était une adepte fanatique du rouge à lèvres carmin, le rouge classique tel que nous l'avons tous à l'esprit, tel qu'il existe encore aujourd'hui. Ce rouge vif de séductrice qui sublimait le charme et l'intelligence de la reine d'Égypte, ce rouge auquel ni Jules César ni Marc Antoine ne purent résister.

◄ Cléopâtre.

◄
Boîte
à cosmétiques de
Kemeni et miroir
de Reniseneb.
1814-1805 av. J.-C.

Mais à cette époque — nous sommes entre 51 et 30 ans avant J.-C. — le rouge à lèvres était strictement réservé à la reine et à sa cour. Seules les Égyptiennes des classes sociales supérieures pouvaient s'offrir le carmin, pigment rare et coûteux. La coloration des lèvres en rouge était ainsi perçue comme un véritable marqueur social en même temps qu'un signe de pouvoir...

Les recettes de CLÉOPÂTRE

Cléopâtre faisait fabriquer par ses esclaves une pâte à base de fourmis écrasées à laquelle était ajouté du carmin pour obtenir la teinte souhaitée. Le colorant carmin provenait de fragments séchés et broyés de cochenilles femelles en gestation, dont la chair grasse et les œufs donnaient le rouge tant recherché.

Le rouge de Cléopâtre comprenait également des pigments extraits de pétales de fleurs, de l'ocre rouge, ainsi que des écailles de poisson de la même couleur. Le tout était aggloméré à de la cire d'abeille pour l'adhérence aux lèvres.

Et, comme pour les lipsticks d'aujourd'hui, une note de parfum était systématiquement ajoutée à la mixture, dans le but de dissimuler les relents émis par les ingrédients de base.

Le fard à lèvres était ensuite appliqué à l'aide d'un bâtonnet légèrement humide.

▲
Ensemble d'objets de toilette. 1550-1062 av. J.-C.

Mais si Cléopâtre est considérée comme une inconditionnelle du rouge à lèvres, elle n'en a pas pour autant été sa première adepte. Néfertiti avant elle, entre 1370 et 1330 av. J.-C. nourrissait la même obsession. Plus loin encore, au tout début de la civilisation égyptienne, soit plus de 2950 ans avant Cléopâtre, on retrouve des papyrus et des peintures murales qui attestent de l'usage du fard à lèvres par les classes supérieures de l'époque. Dans des tombeaux de pharaons scellés depuis des millénaires, des explorateurs découvrent des traces de pigments rouges au fond de pots à onguents, ainsi qu'une collection de papyrus égyptiens conservés au Musée d'égyptologie de Turin, dont l'un représente une femme assise sur un objet phallique en train de se farder les lèvres. Tout ce dont l'âme et le corps auraient besoin

▸
Nécessaire de toilette provenant de la tombe d'Ani. 1552-1062 av. J.-C.

dans l'au-delà devait entourer les morts dans leur sépulture. Ainsi, chaque défunt de rang social élevé emportait au moins deux pots de rouge à lèvres dans sa tombe.

▶
Représentation
de la reine Pû-Abi,
trouvée dans les
tombes royales
d'Ur en Irak.

On a ainsi longtemps cru que le rouge à lèvres datait de l'Égypte ancienne. Mais entre 1926 et 1934, des archéologues découvrent que son usage vient de beaucoup plus loin. La coloration des lèvres, telle qu'on l'entend de nos jours, aurait vu le jour en Mésopotamie, berceau de la civilisation sumérienne, gouvernée là encore par l'une des plus illustres femmes de pouvoir de la nuit des temps, adepte du rouge à lèvres autant que Cléopâtre: la reine Pû-Abi.

LA REINE PÛ-ABI

À l'instar de Cléopâtre qui détenait le pouvoir politique et religieux, Pû-Abi était à la fois reine et grande prêtresse, ou quasi-divinité selon les interprétations. Des archéologues ont pu mettre à jour des traces des premiers fards à lèvres à Ur, la cité où Pû-Abi régna entre 2750 et 2550 av. J.-C., ville principale de la Mésopotamie antique.

Les écrits de la civilisation sumérienne qu'on situe entre 4100 et 2007 avant notre ère, présentaient les femmes comme les ombres portées de leurs époux. Sauf Pû-Abi, la reine, qui, elle, cultivait le célibat. Une reine sans roi, certes, mais qui détenait le pouvoir absolu.

Symbole de ce pouvoir et de sa divinité: le rouge à lèvres éclatant sans lequel la reine ne sortait jamais, et que l'aristocratie sumérienne finira par adopter. Les fouilles dirigées par Sir Leonard Woolley dans le «Cimetière royal» de Ur ont ainsi révélé que ces classes supérieures sumériennes se faisaient enterrer avec leurs rouges à lèvres conservés dans des coquilles de noix. Cette coutume que l'on retrouvera plus tard dans la

Les recettes de PÛ-ABI & DES SUMÉRIENNES

La reine sumérienne utilisait un colorant pour les lèvres à base de plomb blanc et de roches rouges broyées.

On doit l'accès à de telles précisions sur les composants des rouges à lèvres anciens à la chromatographie en phase gazeuse, qui permet d'identifier des résidus minuscules extraits de vieux récipients. Mais selon les recherches de Sally Pointer (*The Artifice of Beauty*), l'identification des ingrédients reste imparfaite car certains se sont modifiés ou ont disparu avec le temps. Les récipients de cosmétiques ont souvent servi à différents usages et contiennent des résidus de plusieurs substances. Les traitements imperméabilisants utilisés sur les récipients de cosmétiques interfèrent avec l'analyse des résidus. Sally Pointer précise qu'heureusement, dans certains cas, des preuves écrites sumériennes peuvent aider à corroborer les résultats chromatographiques ou à combler les lacunes informationnelles.

Une autre technique sumérienne de fabrication consistait à piler des pierres semi-précieuses et à les mélanger avec de la cire d'abeille (ou toute autre pâte collante, pour fixer la coloration sur les lèvres). Cette poudre permettait de créer une couleur brillante.

Pour obtenir différentes teintes, les contemporaines de Pû-Abi utilisaient également de l'argile rouge, de l'oxyde de fer (rouille), du henné, des algues, de l'iode, de la mannite (un extrait végétal

sucré), ainsi que du brome, minerai dont le pigment était également connu par les Romains sous le nom « pourpre de Tyr ». Cette teinture rouge violacé, très coûteuse à produire, était minutieusement et patiemment extraite d'une espèce d'escargots marins, *bolinus brandaris* pour les intimes.

Pour obtenir 1,5 gramme de colorant (l'équivalent d'un sachet d'aspirine), il fallait écraser 12 000 escargots. Un pigment qui allait finalement se révéler hautement toxique et venger le véritable génocide de ces mollusques sacrifiés sur l'autel des cosmétiques.

1

2

1

3

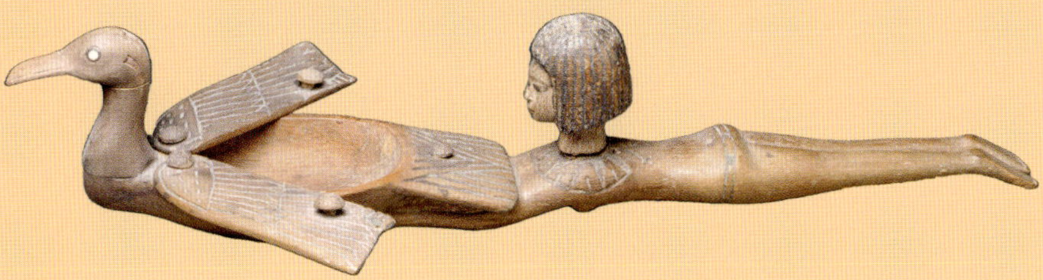

1
Ensemble d'objets de toilette.
1550-1062 av. J.-C.

2
Pot à onguent portant les noms du souverain Aménophis III et de la reine Tiyi.
1391-1353 av. J.-C.

3
Cuillère à fard du type « à la nageuse ».
1550-1062 av. J.-C.

civilisation égyptienne révèle l'importance que le rouge à lèvres revêtait pour les Sumériens, un cosmétique aussi indispensable dans la vie terrestre que dans l'au-delà.

Les voisins assyriens de la civilisation sumérienne ne tarderont pas à adopter cette mode du rouge à lèvres qui va ainsi se propager et atteindre l'Empire égyptien émergeant, bien avant le règne de Cléopâtre.

◀
Miroir à poignée
en forme
d'emblème
d'Hathor.
1552-1062 av. J.-C.

B
C
D
E
F
G
H

2 LA CIVILISATION MINOENNE OU LE *GIRL POWER* AVANT L'HEURE

Cette civilisation, sans aucun lien avec les Grecs, et qui s'est épanouie entre 6 000 ans et 1 450 ans av. J.-C., était une société très riche, florissante même. Et très évoluée, comme en attestent les nombreux témoignages artistiques qu'elle nous a légués, dont des peintures murales représentant des « femmes aux lèvres anormalement rouges ».

Une fresque surnommée « la Parisienne » (femme contemporaine de Pâris) nous présente ainsi une femme ailée de profil, une prêtresse ou une déesse aux cheveux noirs, à la taille fine et aux lèvres peintes en rouge.

Cette liberté de se colorer les lèvres tenait sûrement à la place déterminante occupée par les femmes de cette île. Non seulement elles étaient présentes dans tous les secteurs économiques, mais elles détenaient — pouvoir suprême — le monopole de la prêtrise.

◄ Reproduction des fresques du palais de Minos, à Cnossos, par Sir Arthur John Evans.

Nous verrons plus tard, dans notre folle histoire du rouge à lèvres, qu'il s'agit là d'une constante: une société qui accorde aux femmes le droit de se mettre du rouge à lèvres est généralement une société ouverte, libérale, évoluée et féministe par essence.

▲
Dames de la cour minoenne, palais de Cnossos. Vers 1500 av. J.-C.

Et c'est grâce à l'influence de la civilisation minoenne que le rouge à lèvres sera finalement accepté dans les derniers siècles de la Grèce antique. Dès lors et jusqu'au XXIe siècle, le fard à lèvres sera tour à tour banni puis autorisé, selon les périodes, les modes, les religions, les mouvements sociaux et/ou politiques.

3 LA GRÈCE ANTIQUE OU QUAND LES HOMMES DÉCIDENT DE S'EN MÊLER

La première grande rupture hommes/femmes à propos du rouge à lèvres, nous la devons, paradoxalement, aux inventeurs de la démocratie: les Grecs. Alors que depuis la civilisation sumérienne la coloration des lèvres est une pratique non seulement acceptée, mais vénérée, on va découvrir que les hommes n'avaient pas attendu la chrétienté pour proscrire le rouge à lèvres. Des religieux? Pas exactement. Dans le *Gorgias*, c'est Platon en personne qui déclenche les hostilités et considère, par exemple, que le maquillage est une « activité perverse, trompeuse, vulgaire et servile, qui leurre par les allures qu'elle donne ». Platon et les penseurs de la Grèce antique vont ainsi dénoncer en termes violents le maquillage. À travers la notion d'absence d'authenticité, les Grecs seront les premiers à glisser la morale entre les femmes (et les hommes) et leur volonté de se colorer les lèvres.

Si en Égypte le port du rouge à lèvres était considéré comme un apparat essentiellement aristocratique, sa perception dans la Grèce antique est donc radicalement différente. Pour Platon, comme pour les philosophes et les dirigeants politiques grecs, le rouge doit être prohibé, parce que « la beauté commence par la vérité ».

◄ Platon.

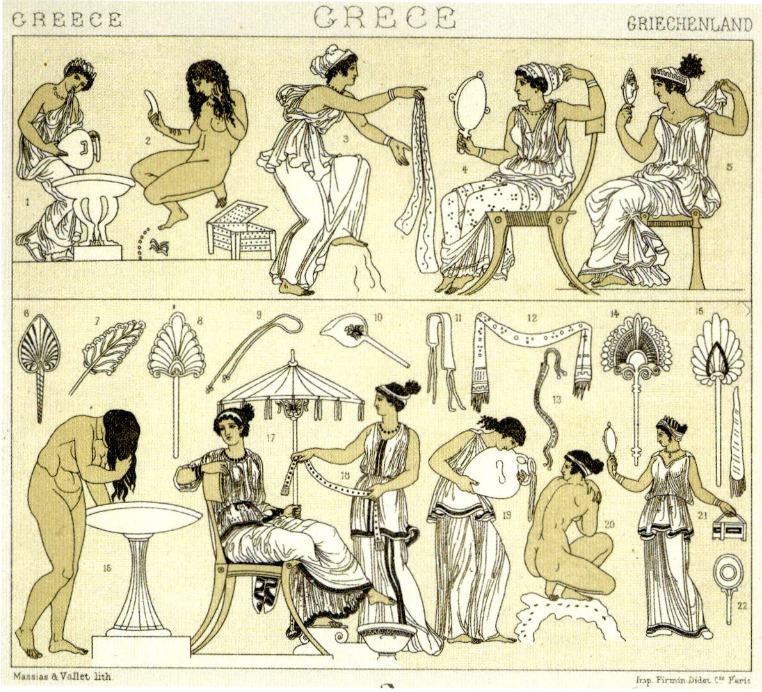

◀ Toilette et soin du corps en Grèce antique.

Au début de l'empire grec, la plupart des femmes se pliaient à cette injonction et ignoraient le maquillage. Toute transformation du visage était perçue comme une tricherie, un mensonge. Elles avaient certes recours à des teintures assez élaborées pour les cheveux ainsi qu'à des ajouts capillaires, mais tout ce qui modifiait le visage était banni. Ainsi, jusqu'au VIIIe siècle avant J.-C., le rouge à lèvres est, comme tout autre maquillage, uniquement envisagé comme un produit de soin, étroitement lié à la médecine. Les cosmétiques sont alors utilisés pour préserver le visage des méfaits du soleil, de la fatigue, de l'âge. Les rouges à lèvres ne sont considérés que comme des baumes protecteurs.

À partir du Ve siècle avant J.-C., cet aspect médical qui embellit en douce est occulté. Le maquillage médicinal finit également par être considéré comme une tromperie. Son rejet se durcit,

Les recettes des GRECS

Les ingrédients utilisés pour obtenir le rouge à lèvres grec réservé à une caste supérieure étaient essentiellement issus de substances végétales comme la mûre, parfois des racines comme l'alkanet, une plante connue dans tout le bassin méditerranéen permettant d'obtenir une teinture rouge utilisée pour les textiles notamment.

Les Grecs utilisaient également le vermillon ainsi que la teinture tyrienne qui, depuis la reine Pû-Abi et les Sumériennes, étaient considérés comme des pigments de luxe des civilisations antiques de la Méditerranée (notamment dans l'Empire romain où la pourpre de Tyr était associée au pouvoir à travers les décorations, les vêtements, uniformes, toges, etc.)

La nocivité de ces produits, certes naturels, sera démontrée au XVIIIe siècle.

◄ Représentation d'Aphrodite persuadant Hélène de suivre Pâris à Troie, au dos d'un miroir. Ve siècle av. J.-C.

◀
Jeune femme se lavant les cheveux. IVe av. J.-C.

tricher est définitivement incompatible avec la beauté naturelle des corps et des esprits. Pour les Grecs, la coloration des lèvres est assimilée à une pratique vulgaire, réservée aux prostituées.

Mais selon l'historienne Fenja Gunn, les justifications philosophiques de Platon et de ses disciples, défenseurs de la morale et de l'authenticité, cachaient une raison moins noble : l'homme grec redoutait qu'en arborant du rouge à lèvres, sa femme puisse être perçue comme une séductrice, voire une infidèle.

Ce n'est donc pas un hasard si c'est en Grèce que naît la première loi connue qui réglemente le rouge à lèvres. Curieusement, cette loi, qui concernait les prostituées, ne visait pas à réprimer son usage, mais, au contraire, à le rendre obligatoire. Toutes celles qui ne la respectaient pas écopaient d'une punition pour avoir tenté de se faire passer pour des femmes respectables, pendant que, comme nous l'avons vu, en Crète, leurs voisins de la civilisation minoenne affichaient une approche radicalement opposée. Leur influence va alors peu à peu bousculer la perception du rouge à lèvres en Grèce.

LA VICTOIRE DU ROUGE

Entre 700 et 300 avant J.-C., après avoir été bannie, la coloration des lèvres opère un retour en force chez les Grecs. On trouve des témoignages de ce glorieux come-back dans l'art hellénique de cette période à travers des peintures qui mettent en scène des femmes s'échangeant des cosmétiques et d'autres arborant ouvertement le fameux rouge à lèvres. Mais, comme en Égypte, se colorer les lèvres reste l'apanage des classes supérieures.

4 L'EMPIRE ROMAIN

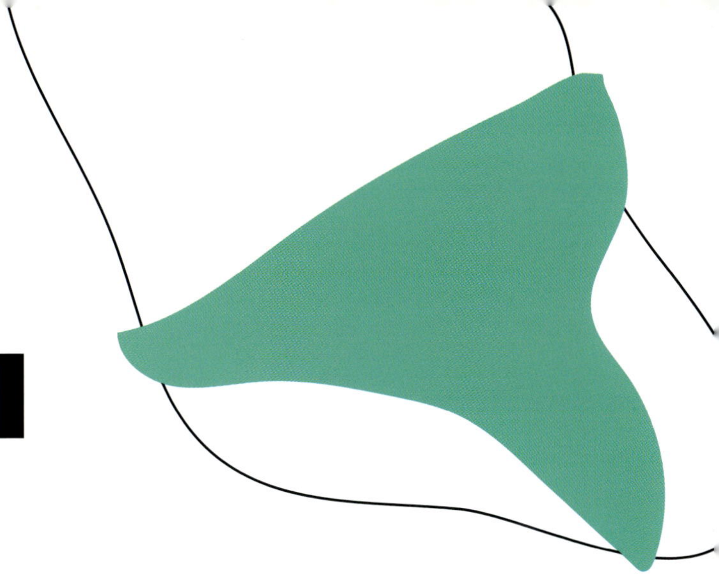

En 150 avant J.-C., alors que la civilisation grecque décline, l'Empire romain poursuit sa spectaculaire expansion et hérite d'une société polythéiste où le rouge à lèvres est totalement accepté.

LA CHRÉTIENTÉ VOIT ROUGE (27 AV. J.-C. - 476 DE NOTRE ÈRE)

Le style de vie de l'impératrice Poppée, qui électrisa longtemps Rome par sa beauté, mais régna peu (62-65), n'a probablement pas contribué à calmer les opposants aux fards et autres gloss à lèvres de la Rome antique.

Poppée, qui devint impératrice en épousant Néron, était entourée d'une centaine d'assistants chargés de son apparence et de sa beauté. Elle était en permanence suivie d'une garde rapprochée qui veillait, entre autres, à ce que ses lèvres soient toujours parfaitement peintes.

◄ Femme noble à sa table de toilette, entourée de deux servantes qui l'aident à s'habiller et à se coiffer. IIe siècle.

Poppée était loin d'être la seule dame de la haute société à s'offrir un tel luxe. La plupart des femmes romaines fortunées avaient à leur disposition des esclaves maquilleuses et coiffeuses, spécialement formées dans ces spécialités. On les appelait les cosmètes (du grec *kosmêtês*, « arrangeur »). Ces esclaves

◀
Poppée.

travaillaient sous les ordres d'une femme de chambre « maî-tresse de la toilette », l'*ornatrix*.

Véritables icônes sociales dans un empire où l'apparence physique, la mode et le maquillage jouaient un rôle essentiel, ce sont les impératrices, dont l'image était largement diffusée grâce aux pièces de monnaie, aux statues et aux peintures murales, qui lançaient toujours les nouvelles tendances et les nouvelles modes de la Rome antique.

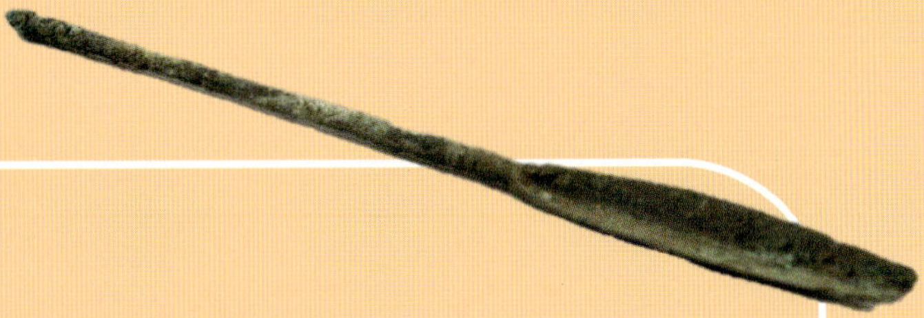

Les recettes de POPPÉE et de ses CONTEMPORAINS

Suivant l'exemple de Poppée, les femmes romaines avaient tendance à utiliser un rouge à lèvres rouge ou violacé, fait d'ocre, de minerai de fer et de fucus. Selon les régions, elles pouvaient également s'appliquer une mixture à base de lie de vin, parfois cuite pour épaissir la pâte. Le maquillage — et le rouge à lèvres en particulier — se popularisant peu à peu dans tous les milieux de la société romaine, la lie de vin, moins onéreuse, était utilisée par les Romaines de classe sociale inférieure.

Si le colorant des lèvres à base de plomb des Sumériens, comme celui à base de vermillon utilisé par les Grecs, étaient hautement toxiques, la préférence des Romains pour le fucus (une algue contenant des métaux lourds comme le mercure ou l'arsenic) ne l'était pas moins. Ces mixtures étaient aussi potentiellement mortelles.

Les colorations à base de lie de vin des classes populaires étaient donc certes moins prestigieuses, mais bien plus saines.

Les canons romains de la beauté connaissaient une forte différenciation selon le sexe, comme en témoignent les peintures sur les vases: les corps masculins étaient colorés en ocre, ceux des femmes étaient toujours très pâles. La couleur des hommes

◄
Tertullien.

symbolisait le sang et le hâle de ceux qui s'adonnaient à l'exercice physique. Aux femmes, le blanc, canon d'une beauté citadine et oisive, le rouge pour les joues, les lèvres roses ou purpurines.

La blancheur du teint était obtenue grâce à des poudres minérales : craie, calcaire, céruse. Le rouge des joues et des lèvres, grâce à la rubrica, une terre rouge à poterie ou à brique, ou de la pourpre tirée d'un coquillage précieux.

La tolérance à l'égard du maquillage cessa avec l'empereur Constantin, qui se convertit en 313 au christianisme. Les fards furent violemment critiqués et assimilés à un masque et à une tromperie. Le poète Martial affirmait que certaines femmes n'ont qu'un visage d'emprunt, qu'elles déposent le soir sur leur table de toilette. Les maris, les amants s'inquiètent. Les cosmétiques ne sont-ils pas des instruments de séduction pour des femmes susceptibles de leur échapper ?

Dans son traité consacré à la toilette des femmes, *De cultu feminarum*, Tertullien, écrivain romain et nouveau converti au christianisme lui-même, considérait le rouge à lèvres et tout autre maquillage comme un péché d'orgueil digne du diable, « consistant à refaire la création de Dieu en espérant faire mieux que lui. Ce qui est de nature est l'œuvre de Dieu, ce qui est factice est l'œuvre du diable ».

INTERVIEW

Georges Vigarello

Historien du corps et de la beauté

La beauté, considérée à l'origine comme un don divin, est devenue à mesure des évolutions et des révolutions le résultat d'un contrôle de soi.

Georges Vigarello est le grand historien français du corps et des pratiques destinées à l'embellir.

Ainsi que nous l'avons écrit dans notre avant-propos, il est impossible de séparer l'histoire du rouge à lèvres de l'histoire de la beauté. Il nous a donc paru intéressant d'interviewer l'auteur, entre autres, d'*Histoire de la beauté. Le corps et l'art d'embellir de la Renaissance à nos jours*, ouvrage qui a nourri notre réflexion et notre propos.

Votre *Histoire de la beauté* couvre la période qui va de la Renaissance à nos jours. Mais le désir de beauté existe depuis la nuit des temps. Pourquoi avoir choisi comme date butoir la Renaissance ?

Parce qu'à la Renaissance s'installe quelque chose qui est de l'ordre d'une esthétique, d'une beauté qui n'avait pas été prise en compte jusque-là. On le voit à travers la peinture, on le voit à travers les textes ou la poésie.

Vous accordez également une place importante au XVIIe siècle.

Au XVIIe siècle, le gentilhomme campagnard devient un vestige du passé. Les aristocrates rejoignent la cité et favorisent l'émergence de rituels différents de ceux de la cour.

Le cours, une sorte de promenade publique qui est créée

dans la première moitié du XVIIe siècle à Paris, mais aussi dans d'autres villes, introduit une nouvelle façon d'exposer sa beauté.
La Bruyère le raconte très bien: «L'on se donne à Paris, sans se parler, comme un rendez-vous public tous les soirs au Cours ou aux Tuileries pour se regarder au visage et se désapprouver les uns les autres.»
On vient dans ce lieu pomponné et fardé pour voir et pour y être vu. Cette exigence nouvelle de devoir satisfaire le regard des autres impose naturellement de soigner son apparence. Alors les artifices se multiplient: huiles, eaux de talc, poudres s'ajoutent aux onguents et aux pommades.
Au milieu du XVIIe, le rouge rejoint le blanc qui dominait jusque-là

▲
Georges Vigarello, par Hannah Assouline.

dans les fards. La marquise de Montespan est la première à colorer ses joues et ses lèvres en rouge.

Comment se sont imposés les critères de beauté ? Qu'est-ce qui fait qu'un être est beau pour celui qui le regarde ?

La beauté, c'est une forme de grâce et d'unité, quelque chose qui suscite une émotion qui nous saisit et nous emporte. Celui qui la subit est complètement transporté, habité.

La Renaissance avait repris trois critères pour la définir : l'harmonie, la jeunesse et la symétrie. Ce sont toujours les grands repères de l'Occident, mais ils n'ont pas forcément cours dans d'autres régions du monde.

C'est aussi à partir de la Renaissance que se distinguent de façon radicale la beauté masculine et la beauté féminine. La beauté féminine devait incarner la perfection et s'imposer

◄
Vénus à sa toilette.
IIIe siècle.

d'elle-même, la beauté masculine était relativisée et impliquait le fait que l'homme doit dégager un sentiment de force et de domination.

Un chapitre de votre livre est consacré au moment où la beauté ne se focalise plus sur le seul visage, mais où l'harmonie du corps commence à prendre de l'importance. Qu'est-ce qui conduit à cette évolution ?

À la Renaissance, le corps n'est pas absent, mais la grande attirance passe quand même par le visage. Puis l'individu impose progressivement sa globalité.
Une étape importante pour l'affranchissement du corps intervient au moment de la Révolution française. La femme se libère à la fois du corset, qui l'étreint, et de la robe, qui était souvent un véritable carcan.
Mais la vraie rupture est très, très tardive. Elle intervient quand la femme commence à prendre une certaine autonomie et quand la robe qui masque les jambes tombe en désuétude. Nous sommes à la fin du XIXe siècle. Vous voyez, c'est long, très long.
Autre combat, qui passe, notamment, par George Sand et qui pourrait s'appeler « Libérez-nous » : le corset ! Une libération qui n'interviendra, par étapes, qu'à la fin du XIXe siècle également ! On dit que c'est Poiret qui a définitivement eu raison du corset en 1910. C'est un moment très important parce que la beauté passe aussi par le fait de s'individualiser, de se libérer.

Mais cette beauté qui se donne à voir est-elle accessible à tous ? Être beau a un coût, il faut des vêtements, des crèmes, des poudres…

Dans chaque classe sociale, vous avez des critères qui sont des critères d'attirance. Autrement dit, la femme rurale au XVIe ou au XVIIe siècle est radicalement différente de l'aristocrate. Mais elle est attirante pour les hommes ruraux.

▶
Miroir de bronze.
Ier siècle av. J.-C.

Bien plus tard, au XIXe siècle, dans son magnifique roman *Madame Bovary*, Flaubert décrit une noce. Les femmes de ce mariage populaire ont quasiment toutes le visage enduit d'huile. Mais c'est attirant pour les paysans locaux.

Comment expliquer que les interdits des pouvoirs politique et religieux n'aient pas eu raison de cette quête de beauté ?

Évidemment il y a eu des freins, à commencer par les grands sermons au Moyen Âge. Mais ce qui est très intéressant, c'est que la recherche de beauté et la volonté d'affirmer sa singularité se sont finalement imposées. Notamment auprès des femmes des cours royales qui ont toujours réussi à surmonter les interdits.
Évidemment, le XIXe est un immense moment… Madame de Girardin, écrivaine de la fin du XIXe siècle, a été la première à dire dans une revue cette phrase capitale : « Il y a une beauté sociale et une beauté individuelle, et chacun a droit à la beauté sociale. »

Vous consacrez un très intéressant passage à l'importance des objets et des lieux dans cette propagation de la beauté. Les miroirs, par exemple…

En effet, les miroirs… Pendant très longtemps, le miroir se limite à un espace restreint. Ce qui explique qu'on se focalise sur la beauté du visage. C'est la maîtrise de procédés chimiques qui permet d'accroître la surface du miroir.
Au début du XIXe, c'est grâce aux grands miroirs qui permettent de voir l'ensemble du corps qu'on ne se focalise plus uniquement sur le visage, mais que l'on s'intéresse aussi au corps.

Au XIXe siècle naît déjà une industrie de la beauté. Avec notamment l'apparition des grands magasins.

Le grand magasin a, en effet, démocratisé l'accès à la beauté : les prix devenaient plus accessibles à cause de la multiplication des objets.
Ça a tué le petit commerce, mais cela a accru le nombre de clientes possibles. C'est le fameux roman de Zola, *Au Bonheur des Dames*.

6 LE MOYEN ÂGE ET LA COULEUR DU DIABLE

L'effondrement de l'Empire romain en 476, affaibli, entre autres, par les invasions barbares, plonge l'Europe dans une période sombre d'intolérance, « *Dark Ages* », comme la nomment les historiens anglophones. Car avant Rome, le continent européen va surtout conserver le jeune héritage chrétien et en aggraver le puritanisme et la misogynie.

Au Moyen Âge, le corps est méprisé, condamné, car la chair entraînerait les dérives du mal. L'autorité religieuse s'oppose à toutes les pratiques d'embellissement inscrites dans des recueils de recettes qui prodiguent des conseils de beauté et des règles d'hygiène. Le fard n'est bon qu'à faire surgir la beauté du diable et rendre indéchiffrable le visage de la femme. Il ne faut pas corriger l'œuvre du Créateur ni s'adonner à des futilités qui mettent en péril le salut de l'âme.

L'art ose transgresser les diktats de l'Église. Une chantefable (récit médiéval qui alterne prose et vers) célèbre une beauté affichant « les lèvres rouges, les seins "petits comme deux grosses noix", la peau plus blanche que les marguerites... ».

◄ «Le bain», détail de la tapisserie de la Vie seigneuriale. Vers 1520.

◂ « La Prostituée de Babylone », détail de la tapisserie de l'Apocalypse. 1373-1387.

Ce ne sont là que des exceptions. À l'instar de Tertullien, un des premiers théologiens chrétiens qui, comme nous l'avons mentionné plus tôt, condamnait la coloration des lèvres ainsi que tout autre forme de maquillage, l'Église considérait cette pratique comme satanique. Non seulement le rouge à lèvres renvoyait à l'orgueil, à la luxure et constituait par conséquent un lien direct avec le diable, mais il était également associé à une féminité mystérieuse et donc dangereuse. Les femmes qui en portaient couraient le risque de finir sur le bûcher comme sorcières.

▲
Enseigne d'étuve découverte rue des Grands Carmes, à Marseille. XIIIe-XIVe siècle.

LA RÉPRESSION au fil des siècles

Au XXIe siècle, la répression n'a pas dit son dernier mot dans certains de ces pays musulmans qu'on a connus parfois à la pointe de la tolérance : une jeune Iranienne, Roxana Mohammadian-Molina a été arrêtée il y a quelques années par la police des mœurs de son pays. Motif ? Elle portait du rouge à lèvres. Elle n'a évité la prison qu'en s'exilant à Londres où elle a médiatisé sa mésaventure.

En 2013, la compagnie aérienne nationale turque, Turkish Airlines, a décidé de mettre ses hôtesses de l'air au pas en leur interdisant de porter du rouge à lèvres « de couleurs vives, rouge ou rose ». En clair, de porter du rouge à lèvres tout court.

Aux États-Unis, encore aujourd'hui, les Amish prohibent le rouge à lèvres qui attire l'attention sur la femme, entretient ses sentiments d'orgueil et de narcissisme et encourage de ce fait le péché.

Du Moyen Âge européen aux Amish, les arguments n'ont pas varié : la féminité exposée est considérée comme menaçante par la tentation qu'elle exerce sur l'homme. Grâce à des artifices diaboliques, la femme userait de son pouvoir pour détourner l'homme de Dieu. Mais les prédicateurs du Moyen Âge étaient peut-être plus ouverts que les Amish d'aujourd'hui puisqu'ils autorisaient tout de même deux exceptions à l'interdiction du rouge à lèvres : « … à tout âge pour

dissimuler une infirmité, puis dès l'adolescence, par les jeunes filles en âge de se marier, dans l'unique but de séduire et trouver un époux. Les veuves et les vierges non nubiles se voient interdire le maquillage, car elles doivent se consacrer au service de Dieu… »

Quoi qu'il en soit, les diatribes et les sermons des religieux contre le fard à lèvres contredisent la croyance selon laquelle le Moyen Âge avait éradiqué le rouge à lèvres. Pourquoi charger avec une telle violence un adversaire qui n'existe pas ? Au contraire, des écrits précisent les teintes utilisées dans tel ou tel pays : on y apprend, par exemple, qu'en Allemagne et en Grande-Bretagne, la couleur orange est plébiscitée. En Irlande, c'est un rouge intense qui domine.

▲ Une manifestante, lèvres peintes aux couleurs nationales de l'Ukraine, participe au « Stand with Ukraine Rally », organisé par le Centre culturel ukrainien de Nouvelle-Angleterre, à Boston. 26 février 2023.

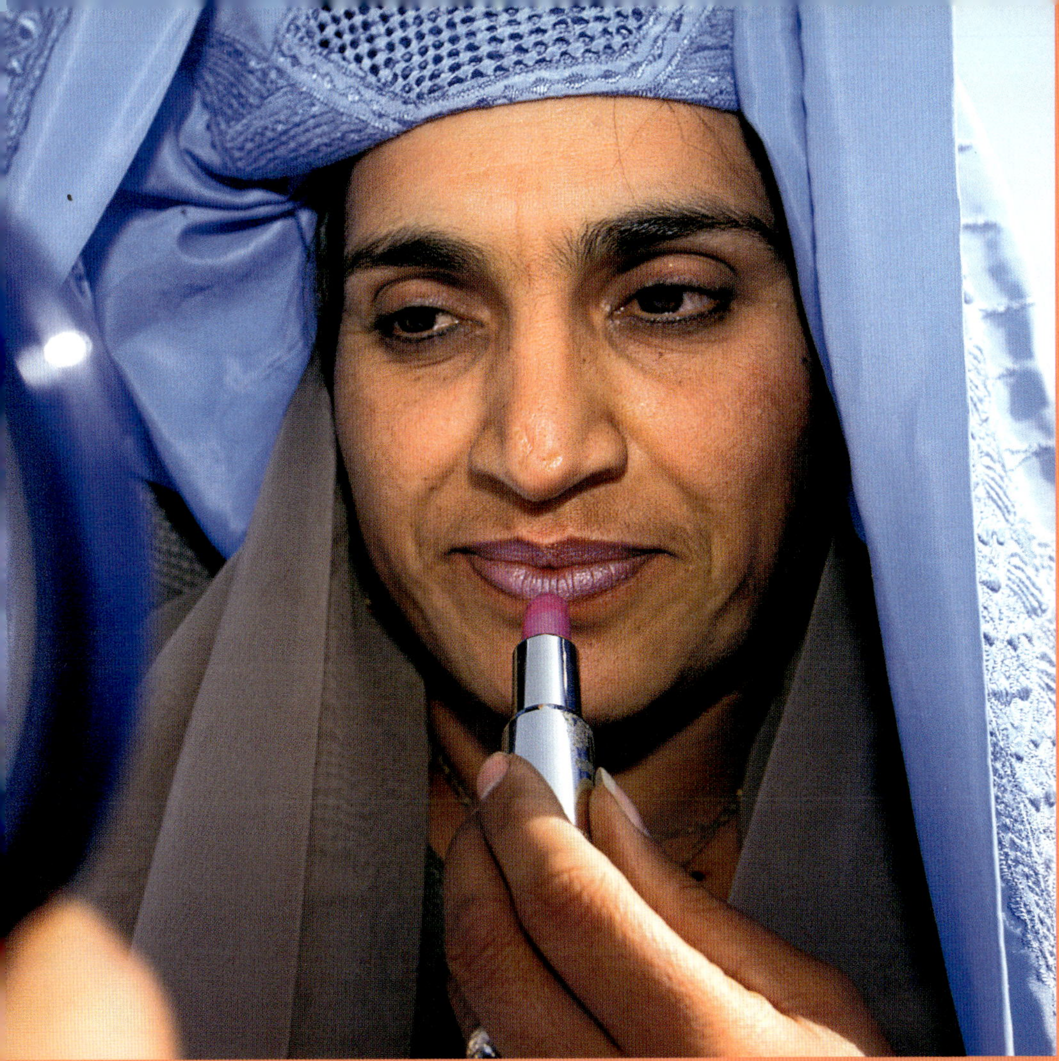

▲
Hana tenait un salon de beauté clandestin sous l'ère des talibans. Elle montre comment elle appliquait le rouge à lèvres avant de sortir. 17 avril 2007.

Partout dans le monde et au fil du temps, les femmes ont bravé les interdits pour maintenir l'utilisation du rouge à lèvres, comme si rien ne pouvait entraver leur désir de beauté et la nécessité pour elles de paraître et de séduire.

Il est intéressant de noter qu'en Asie et en Afrique du Nord, les cosmétiques en général et le rouge à lèvres en particulier n'ont jamais été l'objet de restrictions ni suscité les foudres et les interdits des religieux. Écrits et peintures attestent leur utilisation régulière par les femmes, mais également par les hommes.

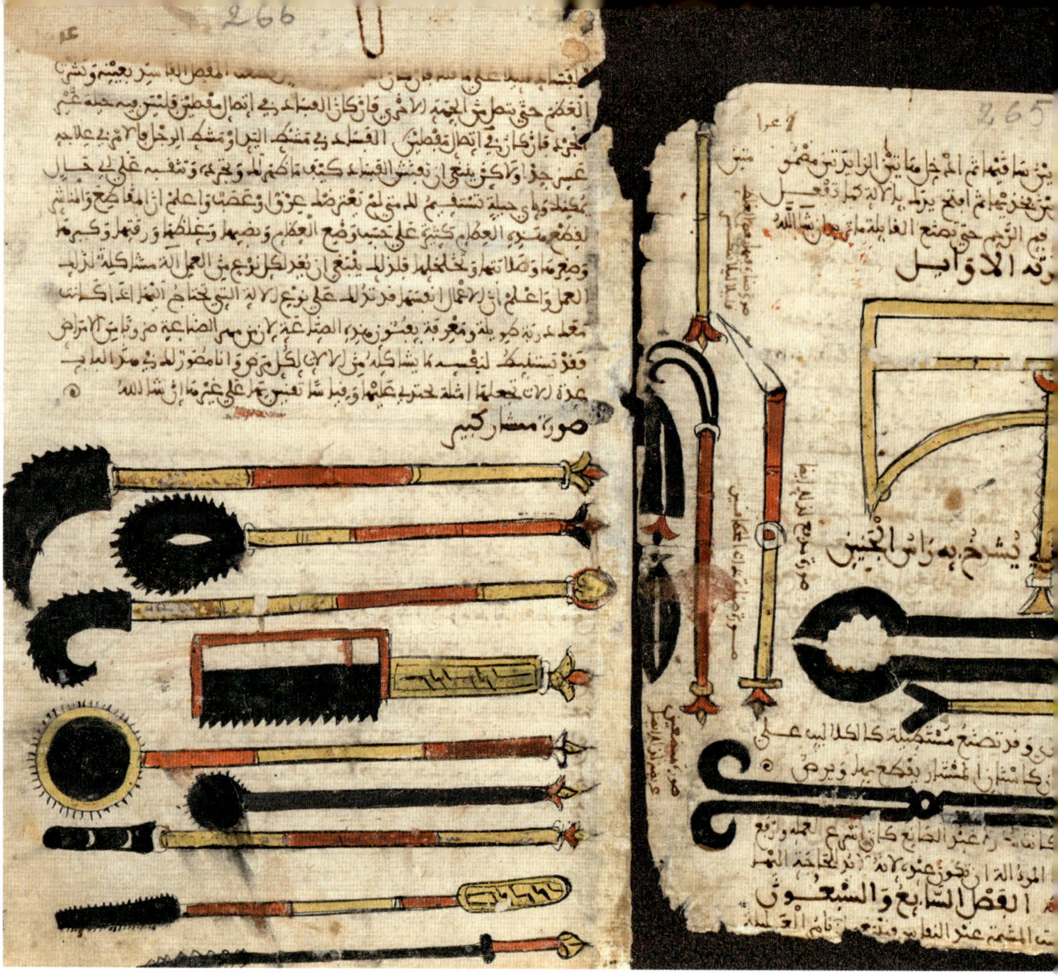

L'INVENTION DU PREMIER LIPSTICK DANS L'ESPAGNE MAURESQUE

▲
La méthode de la médecine, d'Abulcasis (Abu Al-Quasim). 1213-1223.

Pendant le Moyen Âge, en Espagne comme en Asie, le rouge à lèvres ne semble souffrir d'aucune opposition religieuse et n'est pas réservé à une élite. Les classes inférieures se coloraient les lèvres. Certaines femmes utilisaient des astuces naturelles et économiques: pincements, morsures ou frottement des lèvres avec diverses matières, comme des étoffes ou du papier imbibé d'extraits liquides à base de fraises ou de cerises, pour les rougir.

C'est dans la péninsule mauresque — l'Espagne sous domination musulmane — qu'une invention majeure dans l'histoire

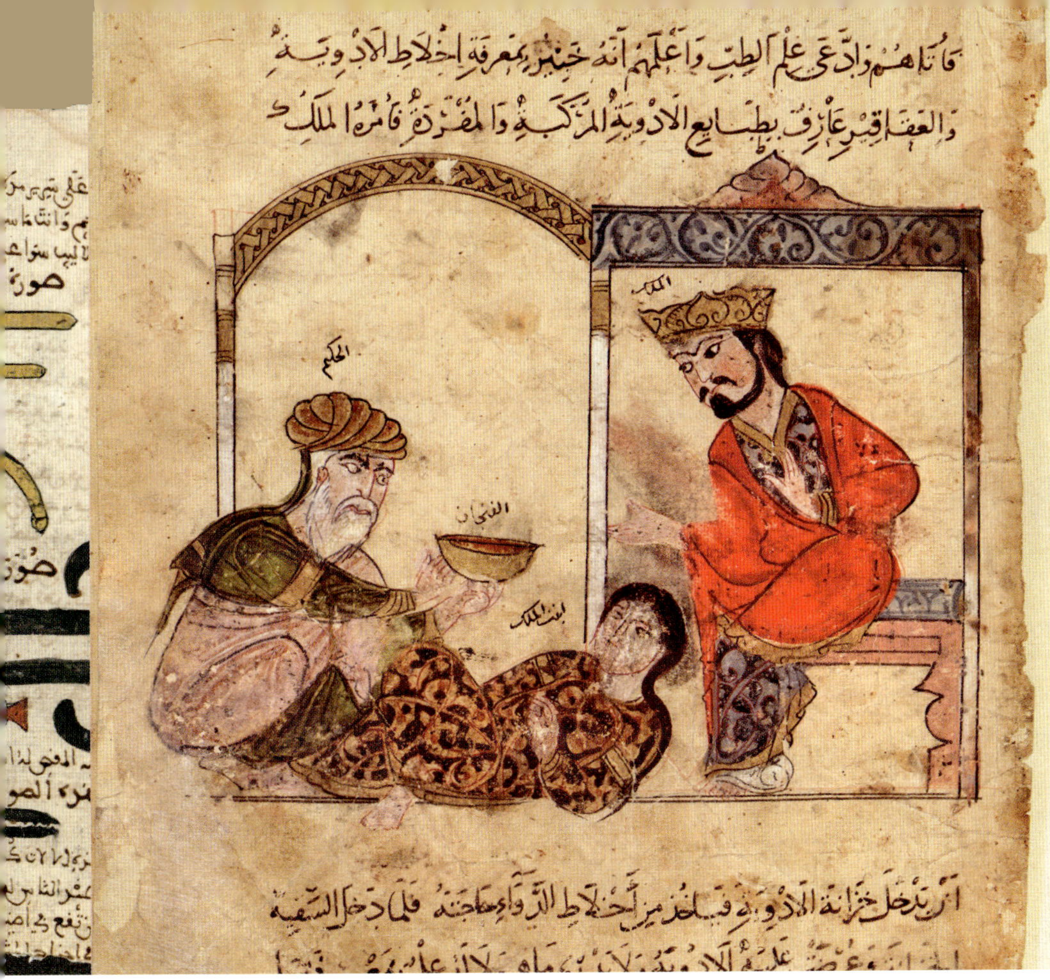

▲
Représentation d'une consultation médicale dans *Le Livre de Kalila et Domna*. 1301-1400.

du rouge à lèvres voit le jour aux alentours de l'an mille, une invention qui va rester ignorée pendant plusieurs siècles: le premier lipstick. C'est à Abu Al-Qasim al-Zahrawi, un Andalou musulman, un des plus éminents chirurgiens du Moyen Âge, dont les travaux ont influencé des médecins aussi prestigieux que Jacques Daléchamps ou Ambroise Paré, que l'on doit le premier bâton de rouge à lèvres.

Abu Al-Qasim considérait les produits cosmétiques comme une branche à part entière de la médecine.

Médecin, mais également chimiste, il fut le premier à élaborer des produits cosmétiques et des soins du corps tels qu'on les envisage de nos jours: des pierres épilatoires, des déodorants à

◂
Femme à sa toilette au hammam, par Abdullah Buhari. 1741.

appliquer sous les aisselles, des teintures capillaires, des lotions facilitant le lissage des cheveux, ainsi que des crèmes de protection solaire, renforçant le lien entre la médecine et les cosmétiques. On lui doit aussi le premier baume à lèvres sous forme de bâtonnet, conçu pour hydrater et protéger des agressions du soleil.

Personne n'a mesuré à l'époque l'importance de l'invention de génie qui ne tarda pas à colorer le bâtonnet pour en faire le premier lipstick — ou rouge à lèvres — de l'humanité, transportable et utilisable en toutes occasions...

Pour élaborer ces bâtonnets, le chimiste avait mis au point une recette dont les principes restent les mêmes, mille ans plus tard: une concoction à base de trois types de corps gras, encore utilisée aujourd'hui, comme nous le rappelle Jean-Claude Le Joliff, ancien directeur de la recherche chez Chanel: « Des produits liquides, des produits pâteux et des produits solides. Le liquide glisse, le pâteux freine, association qui, pour dire les choses simplement, donne de l'onctuosité. Et les cires solidifient. »

Abu Al-Qasim se servait également, comme on l'a fait des siècles plus tard, de moules pour presser ses bâtonnets. Toutes ses inventions cosmétiques ainsi que les techniques utilisées sont répertoriées et illustrées dans le chapitre 19 de son œuvre, *Kitab al-Tasrif* (*La Pratique*), l'encyclopédie en trente volumes écrite par le scientifique et imprimée en 1541 dans sa traduction latine.

LE *NUDE* AVANT LA LETTRE

On a vu avec quelle intransigeance le Moyen Âge traquait et punissait, au nom de la pureté religieuse, toute forme d'artifice destiné à transformer l'aspect naturel d'un visage dans le but de l'embellir.

Pourtant, c'est grâce aux religieux — qui détenaient le quasi-monopole de l'écriture — que nous disposons de nombreux témoignages qui attestent de l'usage du rouge à lèvres malgré la répression. Même s'il était utilisé avec discrétion et que le Moyen Âge avait quasiment inventé le *nude* contemporain.

▶
Femmes
à leur toilette.
1472.

En même temps que les religieux, ce sont les peintres et les dramaturges qui ont été les messagers, depuis l'Europe médiévale jusqu'à nous, de cette transgression : dans sa pièce *Le Jeu de la feuillée*, écrite en 1276, le poète trouvère Adam de la Halle détaille l'idéal féminin de son époque. « La femme parfaite est décrite comme ayant les cheveux blond doré, fournis, ondulés [...] Sa peau est blanche ; les yeux, noirs, sont grands sous de fines paupières ; la bouche est fine, mais charnue en son centre, vermeille comme la rose. » Adam de la Halle mentionne une coloration vermeille des lèvres, mais c'est plutôt la discrétion qui semble l'emporter à l'époque : une bouche discrètement rosie était mieux acceptée par les religieux. Ce fard rose était obtenu à partir de graisse de mouton et de racines rouges écrasées.

Jusqu'au XIVe siècle, la coloration des lèvres est régulièrement mentionnée dans les manuels de médecine — une science encore et toujours liée à la cosmétique — publiés en Europe. Trotula de Salerne, médecin et chirurgienne du Moyen Âge, autrice d'un des premiers ouvrages de gynécologie de référence, élabore aussi de véritables manuels de beauté : *Soins cosmétiques pour les femmes* et *L'Ornement des dames*. Outre les conseils et les techniques pour blanchir la peau et les dents, la scientifique livre ses recettes pour colorer les lèvres : des mixtures combinant baies rouges, pétales de roses et bois du Brésil.

L'approche du docteur Trotula se révèle d'une modernité surprenante, comme l'a démontré un groupe de scientifiques de Salerne en Italie qui ont analysé et comparé sa cosmétologie à la cosmétologie moderne : ils n'ont trouvé aucune trace de pigments à base de plomb et peu de minéraux toxiques dans les écrits et les formules de ce médecin. mais au contraire, le souci

▶
Bethsabée au bain, de Hans Memling. 1485.

constant d'une interaction positive entre l'individu et les produits utilisés. Cette docteure visionnaire encourageait la beauté, mais jamais au détriment de la santé.

LA TOLÉRANCE AU SUD DE L'EUROPE

À la différence du nord de l'Europe occidentale, dans l'Europe du Sud, l'interdiction du rouge à lèvres imposée par les religieux ne dissuade pas les femmes d'en porter. En Italie, au début du XIIIe siècle, il est même — fait exceptionnel — porté dans toutes les classes sociales, mais différemment, selon le rang. Les femmes des classes supérieures, riches et lettrées, utilisaient un fard rose, plutôt vif, tandis que celles issues du peuple optaient pour une couleur ocre issue de la terre rouge de Vérone. Une terre colorante naturelle qu'elles faisaient sécher, avant de la réduire en poudre et de l'incorporer à d'autres ingrédients pour la fluidifier.

Cette tolérance de l'Italie médiévale pour le rouge à lèvres, dans un Moyen Âge où il était proscrit partout, n'est sûrement pas étrangère au mouvement qui allait naître au nord du pays. Dès 1330, un regain d'intérêt pour la culture gréco-romaine émerge dans la haute société florentine, porté par de grands auteurs de la littérature italienne tels que Pétrarque et ses contemporains, Dante Alighieri ou Boccace. Un siècle plus tard, à la suite de la chute de Constantinople, des scientifiques et des artistes, attirés par les libertés qui leur étaient consenties à Florence, participent à la résurgence de la culture gréco-romaine. C'est le début de la Renaissance.

7

LA RENAISSANCE DU ROUGE

Peintres, sculpteurs, architectes et écrivains développent en Occident un retour philosophique et esthétique qui s'étend à l'Europe entière. Cette redécouverte de la culture de la Grèce et de la Rome antiques concerne autant l'art et la littérature que les critères de beauté. Et tout ce qui peut la parfaire et qui était déjà utilisé dans l'Antiquité.

En 1533, Catherine de Médicis rejoint à la cour de France son jeune époux, le second fils de François Ier, le futur Henri II. Elle est accompagnée de son parfumeur, Renato Bianco, qui arrive les valises chargées de parfums, mais également d'une gamme complète de cosmétiques qu'il a créés. Ce sont en effet les parfumeurs qui prennent désormais en charge la fabrication et le commerce des produits de maquillage.

Sans se préoccuper de l'interdit de l'Église, la jeune reine diffuse au sein de la cour de France le style de maquillage prisé en Italie. Le rouge à lèvres est adopté avec enthousiasme par les dames de la cour et parmi elles, les membres de l'« escadron volant », l'escouade de séductrices que Catherine de Médicis avait formées à corrompre ses adversaires.

◄
Diane de Poitiers.

◂ Catherine de Médicis.

Une autre « influenceuse » majeure de son époque, Diane de Poitiers, favorite du roi Henri II, célébrée pour sa beauté, participe à l'engouement de la cour pour les fards en livrant ses conseils de beauté selon trois règles : une peau blanche, des cils et des sourcils noirs et des lèvres rouge vif.

▶
Diane de Poitiers en allégorie de la paix (détail), de Giovanni Capassini. 1568-1570.

Pendant la Renaissance, les recettes de beauté de l'Antiquité étaient reprises et enrichies grâce aux dernières découvertes et aussi à l'utilisation de certaines techniques étranges.

Dans ses *Trois Livres de l'embellissement et Ornement du corps humain* (1582), le médecin français Jean Liébault préconise le frottement des lèvres pour obtenir une coloration rouge plus intense. Pour accentuer cet effet, il conseille également de s'appliquer des sangsues sur la bouche.

Habit de Parfumeur

8 LE GRAND SIÈCLE : BOUCHE AMIE, BOUCHE ENNEMIE

Au XVIIe siècle, les Pays-Bas s'enrichissent grâce au commerce lointain. Avec les denrées abondantes, les épices et le sucre, les corps prennent de l'ampleur, comme le note l'universitaire Wayne Franits. De Van Dyck à Rubens, les rondeurs s'exposent, les canons esthétiques changent. Place aux corps plantureux. Les cosmétiques sont également mieux acceptés. Ils intègrent des pigments rapportés des pays lointains visités par la Compagnie des Indes ou fabriqués à domicile, ou encore dans l'atelier des peintres. L'apprêt du visage devient un art. La femme au miroir est un thème fréquent de la peinture hollandaise et flamande.

À l'époque, dans le baroque hollandais et flamand, souligne Patricia Phillippy, les mêmes ingrédients sont utilisés pour le maquillage et la peinture. Les pigments, achetés chez l'apothicaire, produits dans l'atelier de l'artiste ou au foyer, sont utilisés dans des recettes similaires. Cette corrélation entre cosmétiques et art pictural, note l'universitaire, est suggérée dans plusieurs portraits féminins de l'époque, dont la plupart représentent aussi des ensembles de toilette et des articles de luxe en vogue au XVIIe siècle. Ce type de portrait suggère que la peau blanche comme les joues et les lèvres roses sont une création conjointe de la femme peinte et de l'artiste qui la peint. L'artifice cosmétique

◄ « Habit de parfumeur ». XVIIIe siècle.

▶
Allégorie de la vanité, d'Angelo Caroselli. 1625-1630.

et l'illusionnisme de l'artiste se confondent dans le portrait de la belle femme, écrit Patricia Phillippy. Karel Van Mander qualifie les peintres de descendants de Pâris, à la fois arbitres de la beauté féminine et susceptibles d'être réduits en esclavage par elle. Le jugement de Pâris, note Van Mander, illustre « le pouvoir de la couleur, surtout chez les femmes », la couleur qui « éveille merveilleusement les désirs ».

Lors de ce siècle, en Europe, le rouge à lèvres échappe peu à peu au monopole de l'aristocratie et entame une lente conquête des classes « inférieures ». Comme en Italie au siècle précédent, des Françaises issues du peuple s'appliquent à leur tour des concoctions « maison » sans se soucier des interdits cléricaux. En revanche, les teintes utilisées et le coût des ingrédients qui les composent signent les différences de classe sociale. L'aristocratie se sert de mixtures à base de graisses animales fondues, inoffensives pour la santé, le petit peuple utilise des extraits de céruse — un colorant tiré du plomb — moins chers, mais plus nocifs.

En Angleterre, le roi Charles II manifeste sa volonté de libérer ses sujets des carcans du puritanisme. Il favorise la libération des mœurs et ne met plus aucun frein à l'usage des cosmétiques. Maquillage théâtral et rouge à lèvres outrancier deviennent même des symboles de rébellion contre le clergé. Hommes et femmes partagent le même objectif: attirer le regard. Une forme de « punk attitude » avant l'heure.

La licence devient si manifeste qu'un projet de loi est déposé au parlement anglais visant à faire interdire « le vice du maquillage » ainsi que les « tenues immodestes des femmes ». La majorité des députés ayant jugé irréalisable l'application d'une loi qui défie ouvertement le roi, le projet avorta. Le siècle suivant verra

d'autres tentatives d'interdiction du rouge à lèvres par le parlement britannique et, par ricochets, dans certains des nouveaux États d'Amérique.

ELIZABETH Ire, OU L'AUTRE REINE ROUGE

Quelques décennies avant le Grand Siècle et 1600 ans après Cléopâtre, Elizabeth Ire d'Angleterre, qui a régné entre 1558 et 1603, partageait avec la reine égyptienne non seulement la même obsession pour la coloration des lèvres, mais des croyances et des superstitions très proches.

Sous son règne, Elizabeth Ire encouragea l'usage du rouge à lèvres qu'elle appréciait tant. L'engouement de la reine pour ce produit le rendait si *trendy* et précieux que, selon certains témoignages, il pouvait être utilisé comme monnaie d'échange.

Célèbre pour ses perruques rouges et ses looks excentriques, Elizabeth lançait les codes et les modes. En appliquant sur son visage les deux couleurs dominantes — le blanc pour la peau et le rouge pour les lèvres —, la reine donnait le *la* et les dames de la cour marchaient dans ses pas.

Elizabeth fut une véritable icône du rouge à lèvres. Ses portraits, qui célèbrent autant son pouvoir que son art subtil des ornements cosmétiques, ont quelque chose à voir avec les selfies d'aujourd'hui, la beauté du geste du peintre en plus. Elle utilisait des produits différents sur ses lèvres, dont le fameux carmin fabriqué à partir de cochenilles.

La reine d'Angleterre avait-elle développé une addiction au rouge à lèvres ? Plus elle vieillissait, plus elle superposait des couches jusqu'à obtenir une certaine épaisseur. Pour cacher rides et autres imperfections cutanées ? Probablement, mais pas uniquement. Comme la plupart de ses sujets, Elizabeth Ire était persuadée que le rouge à lèvres pouvait conjurer la mort et protéger contre la maladie, une croyance relativement répandue en Europe. Notamment grâce aux colporteurs qui vendaient aux plus nantis le rouge à lèvres en vantant ses vertus curatives alors que l'on sait aujourd'hui que des produits nocifs, dont le plomb, qui entraient dans la composition de ses rouges à lèvres, ont probablement altéré la santé de la reine. Il va sans dire que cette croyance provoquait inévitablement les foudres du clergé qui voyait le diable derrière cet engouement et cette superstition. Une Église dont le chef était pourtant... la reine elle-même depuis qu'elle avait instauré de nouveau le protestantisme en Angleterre.

On retrouve d'ailleurs dans quelques églises anglaises des peintures du début de la Renaissance qui représentent le diable appliquant du rouge sur les lèvres d'hommes et de femmes.

Quatre cents ans plus tard, la reine Elizabeth II utilisait son rouge à lèvres pour envoyer des signaux secrets. Selon son entourage, pour manifester son désir de quitter un lieu ou une assemblée, elle s'appliquait discrètement du rouge sur les lèvres. Message reçu cinq sur cinq par ses dames de compagnie qui se hâtaient de l'exfiltrer.

De Cléopâtre à Elizabeth Ire en passant par Pû-Abi, le rouge à lèvres doit son existence et sa transmission à ces reines légendaires. Par la suite, comme nous le verrons, il deviendra indissociable des femmes de toutes les époques et de leurs combats pour leur émancipation.

On reste à ce propos sidéré par l'incroyable audace d'Elizabeth Ire, la reine vierge, « *The Virgin Queen* », qui osa s'affranchir des diktats d'un patriarcat moyenâgeux. Son refus de se marier tout en faisant défiler dans son lit ses mâles favoris, son rejet catégorique de la maternité, ses visites du royaume à cheval plutôt qu'en carrosse et, cerise sur le gâteau, ses lèvres peintes en rouge, qui horrifiaient tant les hommes d'Église, firent d'elle une pionnière du féminisme.

Les recettes d'ELIZABETH Ire

Peu importe l'avis de l'Église, Elizabeth Ire était convaincue des vertus salvatrices du produit. Quand elle accusait une baisse de forme ou était véritablement souffrante, la monarque prenait soin d'appliquer davantage de couches de rouge sur ses lèvres. Elle s'administrait son propre poison. Elizabeth Ire concoctait son rouge à lèvres, un rouge profond appelé « cramoisi » (*crimson*) : une recette à base de cochenilles, de gomme arabique, de blancs d'œufs, de lait de figue… ainsi que de cinabre, dont le mercure, hautement toxique, contribua, selon les experts, à accélérer la fin de vie de la reine (ainsi que le plomb présent dans les fards qu'elle utilisait pour blanchir son visage). Persuadée de prendre soin de sa santé, Elizabeth Ire se badigeonnait les lèvres de poison létal.

À sa mort, on dit qu'elle portait une épaisseur de rouge à lèvres d'un centimètre.

Si Elizabeth Ire fut une ambassadrice du rouge à lèvres digne des plus grandes influenceuses de mode d'aujourd'hui, on lui prête également l'invention du crayon à lèvres, mais rien n'est moins sûr. Les historiens assurent que le principe du crayon (mine glissée dans une enveloppe de bois ou de papier) fut inventé, certes à l'ère élisabéthaine, mais par un naturaliste suisse, Conrad Gessner.

Dans les faits, la monarque mélangeait de l'albâtre moulu et du plâtre de Paris aux pigments rouges de cochenilles, et roulait la pâte en forme de petit bâton, semblable à un crayon. Elle faisait ensuite sécher cette pâte jusqu'au durcissement du bâton. L'insuffisance, voire l'absence de matières grasses, pouvait toutefois laisser imaginer une application douloureuse pour un résultat relatif.

INTERVIEW
Jean-Claude Le Joliff
Ancien directeur de la recherche chez Chanel

Jean-Claude Le Joliff, ancien directeur de la recherche chez Chanel, a travaillé une cinquantaine d'années dans l'industrie des cosmétiques.
Il se consacre actuellement à un projet passionnant: la création de La Cosmétothèque (contraction de bibliothèque et de cosmétique): un conservatoire de tous les produits de beauté qui ont aujourd'hui disparu de la circulation. Une œuvre patrimoniale et salutaire.

Vous avez été longtemps aux avant-postes de la création des plus grandes marques de cosmétiques. Comment se décide le lancement d'un nouveau rouge à lèvres?

C'est bien sûr la marque qui décide du lancement d'un nouveau rouge à lèvres. C'est un produit particulier, très difficile à réaliser. Vous avez toute une série de professionnels qui interviennent dans la conception de sa formule, de son cycle de vie, de sa conformité réglementaire.
Cette formule va passer ensuite entre les mains de ceux qui vont développer les textures et harmoniser les bonnes couleurs.

Est-ce que les formules des grands rouges à lèvres sont secrètes?

Théoriquement non puisqu'une disposition réglementaire oblige les fabricants à indiquer la composition des produits sur l'emballage. Mais parfois les formules sont ésotériques: des noms qui ont des racines latines ou qui sont empruntés à la chimie et sont donc assez impénétrables.

▲
Jean-Claude
Le Joliff.

N'oublions pas que le monde de la cosmétique vient du monde de la parfumerie qui pratique perpétuellement le secret.

De quoi est composé exactement un rouge à lèvres ?

Cela fait 150 ans que sa composition n'a pas changé. Un rouge à lèvres est essentiellement composé d'un mélange de corps gras : des produits liquides, des produits pâteux et des produits solides. Le liquide, ça glisse, le pâteux, ça freine, ça donne de l'onctuosité pour dire les choses avec des termes relativement simples. Et les cires, ça fait solide.

Rien n'a changé ?

Si. Mais dans la continuité. En gros, nous avons trois périodes. Jusqu'au début du XXe siècle, on va utiliser ce dont on dispose, c'est-à-dire de la graisse animale. Après, la chimie va petit à petit se substituer à ces produits d'origine naturelle. Jusqu'aux années 2000, où on va entrer dans le grand mouvement du « retour en arrière » et revenir à des matières premières d'origine naturelle. Sauf qu'on les raffine beaucoup plus : elles sont plus claires, plus pures, mieux définies, moins goûteuses et plus stables.

Et pour la couleur ?

Avant, on utilisait des poudres de couleur qu'on trouvait dans la nature et souvent même des produits dangereux. Par exemple, pendant très longtemps, on a eu recours, pour obtenir la couleur rouge, au minium, un sel de mercure extrêmement toxique.
Aujourd'hui, on n'utilise plus que des matières colorantes autorisées, après qu'elles ont fait l'objet d'un examen approfondi de leurs caractéristiques par des collèges d'experts et de toxicologues.

Est-ce que, avant de lancer de nouveaux rouges à lèvres, on étudie d'abord les motivations des femmes, leurs critères de choix ?

Évidemment. Les femmes ont un lien très particulier, très intime avec leur rouge à lèvres. N'oubliez pas qu'il a non seulement une texture et une couleur mais qu'il a aussi une odeur et un goût.
Dans une de ces études de motivation, on demandait à des femmes de citer spontanément un produit qu'elles emporteraient sur une île déserte. Et la majorité a répondu : un rouge à lèvres. Ces études concernent également la façon dont

les femmes usent leur rouge à lèvres. La façon d'user son rouge à lèvres renseigne les marques sur le comportement général des consommatrices. Ce qui leur est bien utile pour la conception de leurs autres produits. Mais ces études ne sont pas publiées.
Une autre raison pour laquelle les marques étudient le rouge à lèvres sous toutes ses coutures, c'est que c'est l'un des produits qui connaît le taux de pénétration le plus fort. Il ne doit pas y avoir beaucoup de femmes qui n'ont jamais vu ou jamais utilisé un rouge… Peut-être dans le fin fond de quelque monastère. Et encore.

À vous écouter, on a le sentiment qu'il faut soulever des montagnes pour lancer un rouge à lèvres. Comment expliquez-vous que de plus en plus de francs-tireurs de la beauté se lancent dans cette aventure ?

Si vous faites un produit qui est vendu au coin de la rue, peut-être y arriverez-vous.
Mais si c'est un produit destiné à être vendu sur l'ensemble de la planète, il faut commencer par faire la somme des réglementations des autres pays. Et ce n'est pas à la portée du premier artisan venu.

Vous voulez dire que si des fabricants veulent distribuer leur produit à l'étranger, ils devront tenir compte des réglementations de chaque pays ?

Ils n'ont pas le choix. Il y a trois grandes zones réglementaires dans le monde : l'Europe, les États-Unis et l'Asie.
Les grandes marques conçoivent leur rouge à lèvres dans leur pays d'origine et le font souvent fabriquer dans des unités de production installées dans ces pays qui se chargent de la conformité du produit aux lois locales.

9 LE SIÈCLE DES LUMIÈRES : QUAND LE ROUGE EST MIS EN VEILLEUSE

Au début du XVIIIe siècle, la société ose ouvertement remettre en cause tous les pouvoirs. Si la croyance en Dieu reste enracinée, le rejet de l'influence exorbitante de l'Église se développe parallèlement au rationalisme et à la science.

La mort de Louis XIV coïncide avec le début de la période des Lumières et ce sont à présent les libres penseurs, les intellectuels, les scientifiques et la nouvelle bourgeoisie qui, peu à peu, influencent la société dans tous les domaines. Et transforment en profondeur ses mœurs et son esthétique. Malgré l'opposition conjuguée du clergé et des penseurs des Lumières, le désir de rouge ne faiblit pas chez la femme.

Pour se différencier de l'aristocratie qui manque, selon elles, d'élégance et de mesure, les élites intellectuelles et artistiques du siècle des Lumières rejettent les applications outrancières de fards. Les hommes abandonnent aux femmes les couches de blanc et le rouge à lèvres. Moins pour leur octroyer une liberté que pour afficher leur réussite sociale à travers elles. Les toilettes et les apparats de ces dames deviennent les marqueurs sociaux de leurs époux. Les valeurs bourgeoises montrent le bout de leur nez.

Nous entrons dans une époque où la beauté sociale devient une obligation avec pour conséquence les balbutiements d'une économie de l'esthétique et des cosmétiques.

◄ *Jeanne Bécu, comtesse du Barry*, par Élisabeth Vigée Le Brun. 1789.

▶
Facture
d'un marchand
gantier-parfumeur.
1776.

À partir des années 1720, comme le note l'universitaire française Catherine Lanoë, l'éventail social des consommateurs de fards, et de cosmétiques, s'élargit et la demande s'accroît.

LE ROUGE REVU ET... CORRIGÉ

Les prémices de la révolution du sourire — qui ne seront pas sans effet sur le succès grandissant du rouge à lèvres — apparaissent en 1728 avec la publication de l'ouvrage de Pierre Fauchard, intitulé *Le Chirurgien-Dentiste ou Traité des dents*, qui va transformer l'exercice des soins buccaux, comme le rappelle l'universitaire Colin Jones. Anatomiste et praticien expérimenté, Fauchard donne la priorité à la prévention et à l'hygiène dentaires...

Soin des gencives, mais aussi blanchiment et même transplantation et fabrication de fausses dents en porcelaine et de râteliers. Les journaux parisiens débordent de réclames qui vantent les vertus de cosmétiques et d'accessoires variés: rouges à lèvres, substances blanchissantes, cure-dents, gratte-langues, poudres dentifrices, brosses à dents, etc. L'art du portrait enregistre peu à peu ce changement. Le sourire affiché par Élisabeth Vigée Le Brun dans son autoportrait de 1787 — bouche ouverte révélant des dents blanches — fait scandale.

Au cours de ce même siècle des Lumières, les médecins et les institutions de la monarchie éclairée se préoccupent, enfin, des effets néfastes pour la santé de certains composants du rouge à lèvres, notamment le plomb et le mercure. Ils s'appliquent à faire reconnaître leur nocuité et à proscrire de telles fabrications.

Ces préoccupations sanitaires vont imposer pour la première fois des régulations juridiques. Le commerce du rouge à lèvres

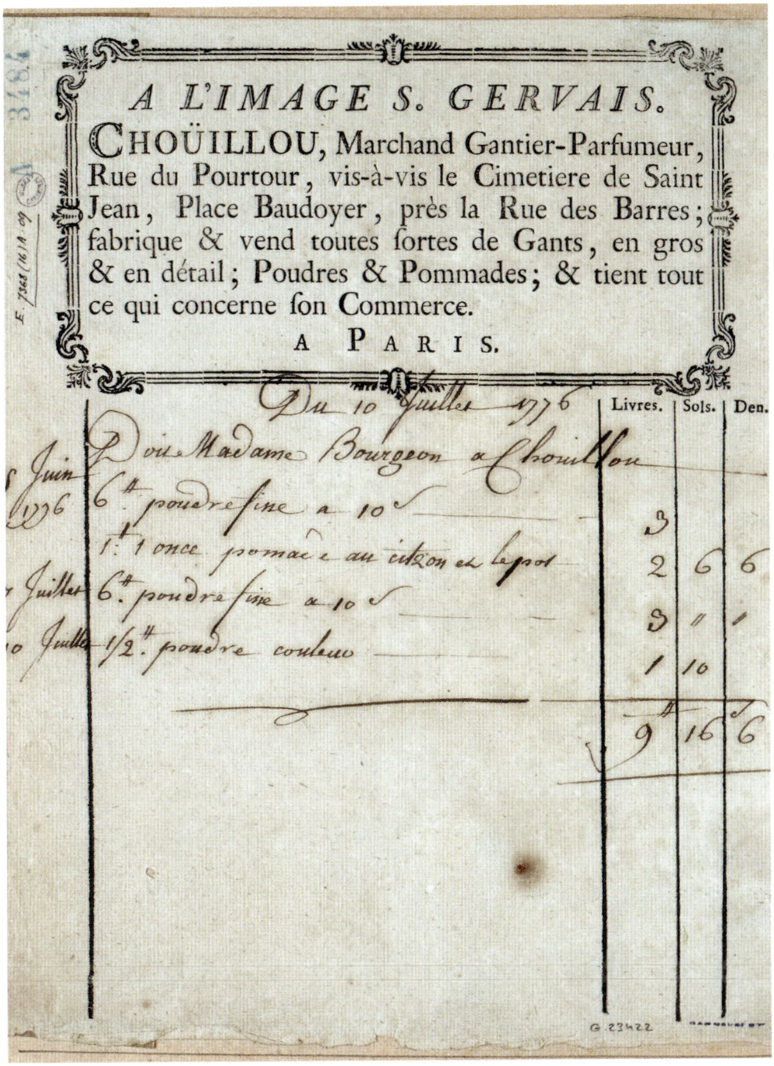
A L'IMAGE S. GERVAIS.

CHOÜILLOU, Marchand Gantier-Parfumeur, Rue du Pourtour, vis-à-vis le Cimetiere de Saint Jean, Place Baudoyer, près la Rue des Barres; fabrique & vend toutes ſortes de Gants, en gros & en détail; Poudres & Pommades; & tient tout ce qui concerne ſon Commerce.

A PARIS.

Du 10 Juillet 1776

		Livres.	Sols.	Den.
	Doit Madame Bourgeon a Chouillou			
Juin 1776	6# poudre fine a 10 s	3		
	1# 1 once pomade au citron et le pot	2	6	6
Juillet	6# poudre fine a 10 s	3	//	/
10 Juillet	1/2# poudre couleur	1	10	
		9#	16 s	6

se développe, mais selon de nouvelles règles. En 1778, le roi crée d'ailleurs la Société royale de médecine « pour réglementer toute autorisation sur les remèdes secrets ».

L'historienne Morag Martin confirme dans ses recherches qu'à cette période, les femmes se détournent des couleurs vives à base de matières nocives pour des « teintes plus douces »

◄ Publicité pour la « Double Eau de Cologne Royale Rectifiée », de Fargeon Jeune. Entre 1825 et 1830.

obtenues grâce à des pigments d'origine végétale tels qu'on les utilisait à la Renaissance.

Dès la fin du Grand Siècle, pour reprendre les mots de Catherine Lanoë, l'usage des fards conquiert de nouvelles catégories sociales. Les besoins, les désirs se diversifient. Les gantiers-parfumeurs des Lumières produisent pour tous des fards inoffensifs: blanc de Venise ou rouge de safran.

LE DÉBUT D'UN BUSINESS

Le commerce balbutiant des cosmétiques suscite, dès son avènement, concurrence et rivalité. Ainsi, le chimiste Joseph Colin dispute à Chafanel Dupon, gantier-parfumeur, la paternité d'un rouge à lèvres qu'ils baptisent tous les deux *Rouge végétal* et entreprennent de le faire breveter sous leur nom par l'Académie des sciences. Grâce à ses accointances avec la cour, c'est Joseph Colin qui obtiendra la paternité de ce «rouge à l'usage des dames ne contenant rien de nuisible à la santé ni à la peau».

L'utilisation de rouges à lèvres plus sains et plus discrets marque ainsi une différence flagrante entre la nouvelle élite et l'ancienne aristocratie. Mais s'il se banalise, il conserve toujours des opposants qui l'associent à un artifice frivole et inutile, *a fortiori* lorsqu'il est utilisé, même épisodiquement, par des hommes.

Si la coloration des lèvres est un usage qui remonte à la haute Antiquité, l'expression «rouge à lèvres» n'a pas, jusque-là, émergé. Dans ses travaux de recherche, Catherine Lanoë, historienne, fait remonter le début de cette appellation au milieu du XVIIIe siècle: «En 1759, c'est dans l'inventaire de la boutique d'un parfumeur qu'il est fait mention de "deux douzaines de petites boîtes de rouge pour les lèvres".» Catherine Lanoë ajoute qu'à cette époque, «les femmes ont déjà les mêmes problèmes qui se rencontreront plus tard et encore aujourd'hui: la tenue du rouge, par exemple. Non seulement le rouge fond,

▶
La boutique de M. Fargeon, parfumeur de l'impératrice Joséphine et de Madame Mère. Entre 1806 et 1828.

file dans les ridules, mais il ne tient pas très bien puisqu'il n'y a pas de fixateur. Cependant, on connaît déjà aussi le rouge poudre ou le rouge crème, le rouge pour le soir, le rouge pour la journée. On sait aussi qu'il y avait des rouges pour les brunes, les blondes, sans doute aussi pour les rousses, une mode qui arrive directement d'Angleterre. »

Comme le souligne encore l'historienne, la forte popularité du maquillage des lèvres à cette période est également liée au développement spectaculaire des soins dentaires que l'on a vu apparaître vers 1720. On ose davantage mettre la bouche et le sourire en avant avec des dents saines.

Mais à la fin du siècle, un coup de frein est de nouveau donné au développement, qui paraissait enfin acquis, du rouge à lèvres. Dans la mouvance de la philosophie des Lumières qui réprouvait la futilité du maquillage, le rejet du rouge à lèvres et des apparats ostentatoires va de nouveau se cristalliser pendant la Révolution française.

Collection des Maisons de Commerce de Paris et interieurs les mieux décorés.
N° 30
Boutique de M. Fargeon, Parfumeur de S.M. l'Imperatrice Reine et de Son A.I. Madame Mere.
A Paris au bureau Rue St Avoye N° 51.
Rue du Roule N° 11.
Déposé à la Bibliothèque Ile

10 DU ROUGE POUR LA RÉVOLUTION, MAIS PAS SUR LA BOUCHE

Les états généraux, convoqués par Louis XVI en mai 1789, marquent le début de la Révolution française. La Terreur va non seulement régler son compte à l'Ancien Régime, mais aussi aux embellissements artificiels en général et au rouge à lèvres en particulier. À bas les masques de cour ! À bas le maquillage ! Les têtes tombent et avec elles la petite société des marquises fardées.

Assimilant le maquillage à l'aristocratie, les révolutionnaires iront jusqu'à réclamer l'échafaud pour les femmes qui portent la moindre trace de couleur rouge sur les lèvres. Les hommes, qui de toute façon en faisaient peu usage depuis la moitié du XVIIIe siècle, l'abandonnent complètement. Quand il n'est pas sur un drapeau ou sur un bonnet phrygien, le rouge est considéré comme attentatoire à la pureté des sans-culottes. À l'instar des pouvoirs religieux, la Révolution met à son tour le rouge à lèvres à l'index.

◄ *Madame J.F. Récamier* (détail), par François Gérard. 1802-1805.

Ces nouvelles restrictions auraient pu donner un coup d'arrêt brutal au commerce des cosmétiques qui commençait à se développer. C'était sans compter sur une autre révolution, moins violente, mais bien plus efficace: le business. Il suffit d'observer les publicités des journaux et les affiches de rues de l'époque pour constater que crèmes, pommades et autres baumes pour colorer les lèvres y occupent une place de choix. Une stratégie qui porte ses fruits puisque les cosmétiques, enfin abordables, attirent une clientèle de plus en plus populaire.

L'INDÉPENDANCE AMÉRICAINE: quand le nouveau monde passe au rouge

Au même moment, de l'autre côté de l'Atlantique, les Américaines adoptent le rouge à lèvres avec d'autant plus d'ardeur qu'elles peuvent enfin transgresser les lois restrictives imposées par les Anglais. Depuis 1776 et l'indépendance américaine, les citadines du Nouveau Monde font la nique aux ladies britanniques bien trop prudes à leur goût, mais aussi à leurs pasteurs et législateurs qui guerroient toujours contre le diabolique rouge à lèvres.

Martha Washington (1731-1802), adepte reconnue du rouge à lèvres et qui ne veut froisser ni les pasteurs ni les législateurs reconnaît pudiquement utiliser un baume pour adoucir ses lèvres gercées.

LA RECETTE DE MARTHA WASHINGTON

L'épouse du président américain faisait concocter par ses fournisseurs une crème colorée, un baume composé de cire,

La recette des AMÉRICAINES

Pour rougir leurs lèvres, les Américaines des villes reprennent les techniques « naturelles » de frottement utilisées en Europe au Moyen Âge et à la Renaissance.

En Amérique comme en Europe, les rouges végétaux deviennent plus recherchés depuis que les dangers du plomb et du sulfure mercurique ont été démontrés. Une technique de coloration connue sous le nom de *Spanish Wool* (« laine espagnole ») était particulièrement populaire (connue en Europe depuis le XVIIe siècle).

Proposée dans une gamme de rouges variés, le *Spanish Wool* était un tissu teint avec de la cochenille (ou autres pigments de même nature), découpé en morceaux d'environ 4 cm de large, que l'on tamponnait sur les lèvres et les joues afin de les colorer.

Une version « transportable », appelée *Spanish Paper* (« papier espagnol »), un papier absorbant préalablement imbibé de carmin, pouvait être rangée facilement dans une pochette.

de saindoux, de porc, de spermaceti (matière grasse provenant des cétacés), de racines d'alkanet, d'huile d'amande, de vinaigre balsamique, de raisins et de sucre.

Convaincues que beauté et politique peuvent faire bon ménage, les Américaines adoptent les modes françaises, sans doute par reconnaissance envers le pays qui soutient leur guerre d'indépendance. Alors que dans le même temps, les Françaises, elles, s'affranchissent de plus en plus des diktats révolutionnaires.

Nous n'avons fait ici qu'une brève incursion dans l'histoire entre le rouge à lèvres et les Américaines; nous verrons plus tard à quel point elles ont été déterminantes, grâce à leur industrie des cosmétiques, mais aussi grâce à Hollywood et ses stars.

La technique du *Spanish Paper* n'avait d'espagnol que le nom, elle venait d'Asie où quelques siècles auparavant, on se frottait déjà les lèvres avec un papier imbibé de carmin.

À cette époque, au Japon, ce n'est pourtant pas cette technique « papier » qui prévaut pour la coloration des lèvres. Depuis l'ouverture des salons de thé dans les « quartiers de plaisir », leurs hôtesses, les geishas, ont popularisé leur maquillage spectaculaire et particulièrement leurs lèvres redessinées en forme de cœur ou de cerise avec du rouge à lèvres.

UN DÉTOUR AU JAPON le rouge des geishas

Au Japon, l'art de se colorer les lèvres fut un temps réservé aux femmes de la haute société, à l'instar de ce qui se passait en Europe. Et ce sont les geishas qui, au début du XVIIIe siècle, popularisent un rouge à lèvres traditionnel appelé « Komachi Beni » ou plus simplement « Beni ». L'utilisation du Komachi Beni a gagné en popularité à partir des années 1600, et à la fin du XIXe siècle, il faisait partie intégrante de la panoplie de toute dame japonaise à la pointe de la nouveauté.

Les geishas n'appliquaient pas le rouge à lèvres Beni de manière simple. Il était obtenu à partir de nuances de rouges vifs et mélangé à du sucre cristallisé afin de donner un aspect lustré aux lèvres. Le processus, allant de la composition du rouge à lèvres à son application, relevait d'un art subtil qui permettait aux geishas de se différencier et d'afficher leur rang.

Le dessin des lèvres était et reste significativement différent des formes qu'on leur donne en Occident. Le rouge à lèvres des maikos (apprenties geishas) est moins élaboré que celui des geishas confirmées. Plus on progresse dans la hiérarchie des geishas, plus les lèvres sont pulpeuses, rouges et profondes, avec des nuances subtiles. Il est appliqué uniquement sur la lèvre inférieure des

Les recettes des GEISHAS

Le nom Beni vient du pigment rouge obtenu à partir du « benibana », un extrait de pétales de carthame, une plante originaire d'Orient et de l'Égypte, introduite en Chine par la route de la soie.

Les geishas versaient le « Beni » sous forme de liquide légèrement épais uniformément à l'intérieur de petits bols. Le produit prenait alors une couleur verte en séchant. En l'humidifiant avec un pinceau, le vert se transformait en rouge et s'appliquait avec le même ustensile.
Selon le nombre de couches d'application, les geishas pouvaient obtenir différentes intensités de coloration, du rose clair au rouge vif, profond et éclatant.

Le Sasabeni était une variante.
Il s'agissait d'un style de coloration de lèvres bicolore très populaire au XVIIIe siècle, une combinaison de rouge et de vert.
Les geishas se peignaient d'abord toute la lèvre supérieure avec du Beni (rouge) puis la lèvre inférieure avec ce vert irisé issu de la tige d'une espèce de bambou appelé « Sasa ».
Plus tard, à la fin du XVIIIe, elles pouvaient également utiliser un bâtonnet en forme de crayon (un Bo-Beni), qu'elles frottaient sur du papier avant de l'appliquer avec leur doigt sur les lèvres.

▶
Jeune fille japonaise peignant ses lèvres. 1869.

maikos. Quant aux geishas confirmées, elles redessinent le contour de leurs lèvres pour leur donner une forme plus petite selon une tradition qui remonte à la dynastie chinoise Zhou (1046-256 av. J.-C.).

L'histoire du Japon a toujours été en osmose avec la civilisation chinoise. Elle s'est inspirée de son architecture, de son art, de ses religions, de son écriture, mais également de ses recettes de fards et de ses techniques de maquillage, en particulier celui des lèvres.

Le naturel ne se conçoit pas sans l'artifice, comme le souligne l'universitaire Dorothy Ko. Les normes de beauté et les pratiques d'embellissement s'établissent bien avant l'essor de la période impériale du Xe au XVIIe siècle. Chaque jour, les hommes comme les femmes soignent leur visage, se coiffent, se parfument, se parent de bijoux, d'habits et de chaussures appropriés. Les cosmétiques sont principalement l'apanage des femmes, qui se peignent les sourcils en noir bleuté, adoucissent leur peau à l'aide d'une poudre blanche, dessinent des points sur leurs joues, peignent leurs lèvres en rouge et, souvent, collent sur leur front des fleurs découpées dans la soie huilée.

Dans plusieurs ouvrages, les Chinois ont répertorié les différentes façons de se maquiller les lèvres et les diverses formes et dessins selon les dynasties chinoises. La bouche dite « cerise » serait apparue sous les dynasties Qin et Han (plus de deux siècles av. J.-C.).

Les femmes ne recouvrent pas la totalité de leurs lèvres, mais peignent un point rouge sur la lèvre inférieure qui se prolongeait en pointe sur la lèvre supérieure. Le reste des lèvres était maquillé de la même teinte que celle du visage. Des variantes

apparaissent sous les dynasties Wei (220-265), Jin (265-420) ainsi que sous celles du Nord et du Sud (420-589), avec une forme appelée « éventail ». La « bouche cerise », telle qu'on la connaît, apparaît sous les dynasties Sui (581-618) et Tang (618-906) puis perdure sous les dynasties Song (960-1279) et Ming (1368-1644). Elle reprend donc la forme et la couleur de la cerise. D'autres

formes sont également appréciées, comme la « fleur » (dessin de petits pétales sur chacune des lèvres).

Dans son livre *Notes sur le simple et sur l'étrange,* Tao Gu (vers 950) précise qu'à la fin de la dynastie Tang, on pouvait compter jusqu'à 17 modèles de formes de maquillage des lèvres, « avec des teintes allant du rouge profond au rouge clair, du rouge brillant au rose ».

◄
Illustration
du magazine *The illustrate London News*,
24 septembre 1864.

Enfin, dès 1644, sous la dynastie Qing, la lèvre supérieure était peinte sur toute la surface, la forme cerise était reproduite sur la lèvre inférieure. Si le rouge reste la couleur dominante, il faut toutefois préciser que de 806 à 820, apparut en Asie une mode du « maquillage des larmes ». Un baume noir s'appliquait sur les lèvres et donnait aux visages un air triste, proche de l'esthétique gothique de notre époque.

La notion chrétienne de péché est étrangère à la Chine impériale, où il n'y a pas de séparation entre la nature et la culture, comme le souligne Dorothy Ko. Pour Li Yu, l'écrivain le plus populaire du XVIIe siècle, les belles femmes s'appliquent de la poudre sur le visage ou du rouge pour accentuer leur beauté « naturelle ». Il n'y a donc pas de corps naturels; le corps est toujours le produit de la culture, note l'universitaire. Des cosmétiques aux fragrances et à la pratique des pieds bandés, la beauté exige des efforts incessants. Selon Li Yu, rapporte Sarah E. Kile, les cosmétiques ne servent pas à créer une beauté artificielle, mais à magnifier la beauté des femmes qui la possèdent déjà, naturellement.

11

LA RÉVOLUTION INDUSTRIELLE

Avec la révolution industrielle de la fin du XVIIIe siècle, la beauté et l'artifice, jusqu'ici réservés à une élite aristocratique puis bourgeoise, deviennent un enjeu commercial du monde occidental.

Lorsqu'en 1856, le jeune chimiste britannique William Henry Perkin découvre par hasard la mauvéine, premier colorant de synthèse, il ouvre grand la porte à des myriades de nouvelles substances colorantes, affirme l'ethnologue de la couleur, Anne Varichon. Pour la première fois dans l'histoire de l'humanité, explique-t-elle, toutes les couleurs deviennent accessibles au plus grand nombre. C'est une véritable démocratisation de la couleur qui voit le jour grâce à la chimie de synthèse.

Dès la fin du XVIIIe siècle, une plus grande attention est portée aux dommages causés par certains fards. Le redoutable vermillon issu du bismuth est retiré de la vente vers 1780, et la céruse, fard blanc fatal depuis l'Antiquité, issue du plomb, est enfin interdite en Europe.

◄ La reine Victoria.

Mais cette réglementation salutaire mise en place dans cette Europe dont l'industrie et la science progressent ne met toujours pas le rouge à lèvres à l'abri de la réprobation de l'Église et du pouvoir patriarcal.

En Angleterre, cette opposition va trouver une alliée de poids: la reine Victoria, qui tout au long de son règne impose son puritanisme à la société anglaise.

LE ROUGE FAIT BROYER DU NOIR À LA REINE VICTORIA

Prude et austère, la monarque considérait tout acte destiné au plaisir ou à l'embellissement — dont évidemment celui de se colorer les lèvres en rouge — comme répréhensible. Les rois étant, par essence, prescripteurs des usages de leur époque, les Britanniques, dans leur ensemble, vivaient selon l'idéal austère de la reine Victoria.

Sous son règne, entre 1837 et 1901, les femmes qui voulaient passer outre les interdictions d'utiliser du fard à lèvres avaient recours au frottement de leurs lèvres contre du papier crépon ou des rubans teints. Certaines Anglaises faisaient même de la «contrebande» de rouges à lèvres en provenance de France.

Les adversaires anglais du rouge à lèvres reprenaient à leur compte la morale des penseurs grecs et leur obsession de l'authenticité. Les journaux de l'époque, comme le *Saturday Evening Review*, accusaient les cosmétiques d'une «forme de mensonge».

Le Parlement et le clergé ne désarment pas et voient toujours dans le rouge à lèvres un «apparat vulgaire et repoussant». N'en jetez plus, la coupe est pleine!

Cette obsession pour l'authenticité et le refus de tout artifice conduisent la reine Victoria à ne porter que des vêtements couleur muraille. Après le décès, en 1861, de son époux, le prince Albert, et jusqu'à sa propre mort, en 1901, elle n'apparaîtra plus qu'en vêtements de deuil, noirs. Et lancera malgré elle une mode : le gothique victorien.

UNE LOI ANTI-ROUGE À LÈVRES ?

La reine pudibonde aurait sûrement voté des deux mains le Hoops and Heels Act que le parlement britannique avait promulguée en 1770, soixante ans avant son règne. Elle disposait que les femmes maquillées étaient des sorcières, des tentatrices qui essayaient d'attirer les hommes dans le mariage, et qu'elles devaient être brûlées sur le bûcher. L'idée selon laquelle le maquillage, quel qu'il soit, était une forme de tromperie était courante. « Toutes les femmes, affirmait la loi, quels que soient leur âge, leur rang, leur profession ou leur éducation, qu'elles soient vierges, servantes ou veuves, forceront, inciteront et trahiront Sa Majesté le roi George III par le biais de parfums, peintures et cosmétiques depuis la date de promulgation de la loi. » Les femmes mariées seront « punies par les lois actuelles contre la sorcellerie et leurs mariages seront invalidés une fois qu'elles seront condamnées ».

Certains historiens mettent cependant en doute l'existence d'une telle loi, mais confirment qu'elle reflète bien l'hostilité des dirigeants britanniques de l'époque, à l'égard des artifices en général et du rouge à lèvres en particulier. Mais la pruderie anglaise contamine l'Europe puisque de nouveau, partout, on

«Ses ongles sont laqués du même rouge que ses lèvres, comme si cette femme plongeait ses doigts dans le cœur des hommes pour le porter à sa bouche.»

Yasmine Char

impose des colorations «discrètes». Ce n'est qu'au prix d'une véritable résistance underground que la société de consommation émergente va avoir raison des restrictions et des interdits légaux.

ROUGE SOUS CAPE

Qu'est-ce qui fait la permanence de cette hostilité au rouge à lèvres? Pourquoi cet onguent inoffensif subit-il depuis des millénaires les foudres des pouvoirs masculins? Mystère et boule de gomme! Toujours est-il que notre récit a atteint maintenant le XIXe siècle et que les tenants et les adversaires du rouge à lèvres s'affrontent toujours selon la même dualité que dans l'Antiquité: la nature contre la peinture, le vrai, le pur, opposé au *fake* et au mensonge.

Résultat: acheter ouvertement les premiers cosmétiques industriels, pourtant autorisés par l'Académie des sciences et la Société royale de médecine, n'est toujours pas un acte anodin. Et cela, aussi bien en France qu'en Angleterre. Alors on triche: des préparations à base d'huile d'amande ou de graisse d'oie

légèrement colorées donnent des lèvres lisses, d'une couleur proche du naturel. Le maquillage se fait si discret que certains historiens sont convaincus de son déclin pendant cette période préindustrielle.

Cependant, cette teinte proche du *nude* d'aujourd'hui, mieux acceptée socialement, n'est qu'une ruse qui prépare le retour du rouge franc et affirmé, d'abord dans les sociétés européennes, puis de l'autre côté de l'Atlantique.

À la fin du XIXe siècle, la commercialisation de manuels qui proposent des recettes de cosmétiques, dont des rouges à lèvres aux couleurs variées, connaît un succès grandissant. Des femmes s'invitent même les unes chez les autres pour des échanges clandestins de recettes. Parallèlement, des apothicaires proposent sous le manteau des formules déjà prêtes et joliment conditionnées. En Angleterre, la prohibition des cosmétiques suscite également un commerce illicite qui se développe dans des arrière-boutiques. Les clientes y entrent, dissimulées sous un chapeau ou un voile et en ressortent discrètement en camouflant leurs achats.

Le vent tourne à nouveau à la fin des années 1890. Pour la première fois, le catalogue de Sears, Roebuck and Co propose du rouge pour les lèvres et les joues. Le business, la promesse de gains et en un mot la société qui entend répondre à l'offre et à la demande vont changer la donne.

Vers 1900, comme le note la conservatrice Nathalie Herschdorfer, on assiste à la naissance d'une nouvelle femme : la consommatrice. Le magazine devient l'indispensable conseiller pour ses achats. Une série de journaux de mode fleurit en Europe, qui s'adressent au grand public et soutiennent un marché en plein essor. *Vogue* et *Harper's Bazaar*, aux États-Unis, en sont les titres phares. Le magazine, terme anglais issu du français magasin, fait entrer la mode dans la vie des femmes de la bonne société et de celles qui rêvent d'en faire partie. Le rouge à lèvres en est un attribut.

Les recettes discrètes du XVIIIe

Les dames souhaitant s'affranchir de l'interdiction sociale de l'époque et désirant porter un rouge assumé (notamment dans la sphère strictement privée) choisissent d'appliquer sur leurs lèvres du vinaigre ou de l'alcool rouge distillé.

Le vinaigrier Antoine-Claude Maille, plus connu aujourd'hui pour sa moutarde, diversifiait ainsi ses activités en proposant différentes teintes de vinaigres pour la coloration des lèvres.

Le rouge se présente ainsi sous trois formes : liquide (comme le vinaigre donc), crème (pommades teintées) et sec (sous la forme de poudres). Des méthodes encore plus naturelles consistaient à se mordiller les lèvres pour obtenir une rougeur intense.

12 LE XXᴱ SIÈCLE : DU ROUGE POUR LE BONHEUR DES DAMES

La maîtrise technique acquise par l'Europe aux XIXᵉ et XXᵉ siècles, souligne l'ethnologue Élisabeth Azoulay, se traduit par l'essor d'une nouvelle religion, celle du progrès, qui a ses théoriciens, ses adeptes, ses lieux de communion — les grandes villes — et son Saint des saints — le grand magasin. Les progrès spectaculaires de la médecine et de la chimie, écrit-elle, rompent l'équilibre traditionnel entre l'homme, son corps et la représentation qu'il s'en fait. La transformation de soi n'est plus envisagée comme un artifice immoral. L'esthétique devient une condition même de la vie en société. La beauté se démocratise.

Dans la seconde moitié du XIXᵉ siècle, le désir de consommation influence les comportements sociaux. La vente du rouge à lèvres s'intensifie comme tout ce qui se vend et s'achète. Quand il y a demande, une offre lui répond; le capitalisme commence à dicter ses lois.

L'injonction d'être belle s'adresse à toutes les femmes depuis que la production industrielle de miroirs, souligne l'historienne Sabine Melchior-Bonnet, a mis à la portée du plus grand nombre cet accessoire qui était le luxe de quelques-unes.

«Le rouge à lèvres est le badge rouge du courage.»

Man Ray

Aux États-Unis comme en Europe, la consommation de cosmétiques est boostée par le développement des grands magasins qui dressent des catalogues et disposent d'un service de vente par correspondance. Les Américaines des villes peuvent maintenant se procurer chez Woolworth ou Sears, Roebuck and Co, des bâtonnets de différentes teintes de rouge enveloppés de papier ou des pommades en pots à appliquer au pinceau.

«L'au-delà divin de la beauté», pour reprendre les mots d'Émile Zola dans son roman *Au Bonheur des dames* publié en 1883, qui, à travers une histoire sentimentale, entraîne le lecteur dans le monde des grands magasins, l'une des innovations du Second Empire (1852-1870).

En France, la société se montre également bien plus permissive qu'au Royaume-Uni. Les ladies britanniques ne manquent pas de traverser la Manche pour s'offrir quelques jours à Paris et filer rue de Rivoli, à l'hôtel Meurice, où vient d'ouvrir la parfumerie Guerlain. C'est la boutique tendance du moment où elles peuvent se procurer la pommade à lèvres de la maison, *Bloom of Rose*, fabriquée à base de pamplemousse, de beurre et de cire.

Les femmes commencent à travailler. Elles sont dactylos, vendeuses, employées de bureau. Elles se battent de plus en plus pour leurs droits.

Ce sont les suffragettes américaines qui vont s'emparer du rouge à lèvres, non pas seulement comme objet de séduction, mais pour transmettre leur message politique.

À New York, en 1912, vingt mille suffragettes défilaient sur la Cinquième Avenue pour réclamer le droit de vote. À cette occasion, Elizabeth Arden, la grande prêtresse des cosmétiques américains, leur avait fait distribuer à chacune un rouge à lèvres, devenu aussitôt l'emblème à la fois de leur combat et de leur féminité.

«Si vous êtes triste,
ajoutez du rouge à lèvres
et attaquez.»

Coco Chanel

En effet, les manifestantes arboraient toutes du rouge à lèvres, ce qui était à la fois saisissant et révolutionnaire. Le petit accessoire chéri des femmes était devenu l'objet de communication parfait.

LE ROUGE À LÈVRES MODERNE : UNE INVENTION FRANÇAISE ?

Ironie de l'histoire, c'est d'Angleterre, où il faisait ses études de chimiste, que Pierre-François-Pascal Guerlain avait rapporté un produit, le *Liquid Bloom of Rose*, un soin à lèvres liquide, dont il s'inspira pour sa propre pommade. Dès lors, le parfumeur qui fournissait déjà les cours européennes — Sissi, impératrice d'Autriche, Eugénie, épouse de Napoléon III, Victoria d'Angleterre, Isabelle II d'Espagne sont ses clientes — sera définitivement associé à l'invention du rouge à lèvres tel que nous le connaissons aujourd'hui.

Car, si depuis Aboulcassis, la paternité du lipstick est discutée et disputée, c'est bien Pierre-François-Pascal Guerlain qui commercialisa le premier tube de rouge à lèvres, en forme de bâtonnet, dans son cylindre métallique. Grâce à ce concept, non seulement l'application du rouge se simplifiait, mais le petit cylindre pouvait se transporter partout. Une caractéristique qui inspirera à Guerlain son nom : *Ne m'oubliez pas*.

SARAH BERNHARDT
QUAND LE SCANDALE FAIT LE SUCCÈS DU ROUGE

À la fin du XIXe siècle, le rouge à lèvres est aussi popularisé par de nouvelles figures prescriptrices : les comédiennes de théâtre dont l'art est en plein essor.

Les femmes « ont reçu en naissant une étincelle de ce feu sacré dont elles voudraient s'illuminer tout entières ». Ainsi parle Baudelaire en 1869, dans son *Éloge du* maquillage :

> « Je suis conduit à regarder la parure comme un des signes de la noblesse primitive de l'âme humaine. Les races que notre civilisation, confuse et pervertie, traite volontiers de sauvages, avec un orgueil et une fatuité tout à fait risibles, comprennent, aussi bien que l'enfant, la haute spiritualité de la toilette [...].
>
> La femme est bien dans son droit, et même elle accomplit une espèce de devoir en s'appliquant à paraître magique et surnaturelle ; il faut qu'elle entonne, qu'elle charme ; idole, elle doit se dorer pour être adorée. Elle doit donc emprunter à tous les arts les moyens de s'élever au-dessus de la nature pour mieux subjuguer les cœurs et frapper les esprits. Il importe fort peu que la ruse et l'artifice soient connus de tous, si le succès en est certain et l'effet toujours irrésistible.
>
> Ainsi, si je suis bien compris, la peinture du visage ne doit pas être employée dans le but vulgaire, inavouable, d'imiter la belle nature, et de rivaliser avec la jeunesse. On a d'ailleurs observé que l'artifice n'embellissait pas la laideur et ne pouvait servir que la beauté. Qui oserait assigner à l'art la fonction stérile d'imiter la nature ? Le maquillage n'a pas à se cacher, à éviter de se laisser deviner ; il peut, au contraire, s'étaler, sinon avec affectation, au moins avec une espèce de candeur. »

Aucune femme n'ose se farder en public comme cela était pourtant le cas un siècle avant pour les dames de l'aristocratie. Madame de Pompadour, la maîtresse de Louis XV, transformait quasiment en spectacle ses séances de maquillage. On se rappelle le tableau de François Boucher représentant la marquise assise à sa table de toilette, en train de s'appliquer du rouge. Elle tient son fard entre deux doigts délicats dont on pressent l'habileté dans l'art de l'ornement.

Dans les années 1880, la pudibonderie ambiante dissuade encore de se maquiller en public. Mais une superstar, Sarah Bernhardt, la diva de l'époque, très avant-gardiste, va se proclamer égérie passionnée du rouge à lèvres. La comédienne exhibe, même en ville, son maquillage de scène rehaussé d'un rouge à lèvres aux couleurs *flashy*. Elle sera aussi la première à oser le geste que toutes les femmes reproduiront avec un naturel confondant un siècle plus tard : appliquer son rouge en public, quel que soit le lieu.

D'un seul coup, le rouge à lèvres devient un objet accessible et le tabou qui l'enveloppait tombe. Sarah Bernhardt a beaucoup contribué à démocratiser et à faire accepter les bâtons colorés.

La comédienne et actrice du cinéma muet Ellen Terry, surnommée la « Sarah Bernhardt anglaise », a ainsi rapporté dans un entretien cette attitude aussi transgressive que provocante à l'époque : « Pendant qu'elle parlait à Henry (Irving, directeur de théâtre et comédien), elle a sorti de son sac un produit rouge et l'a frotté sur ses lèvres. Ce franc maquillage en public était une chose bien plus étonnante dans les années 1880 qu'elle ne le serait aujourd'hui… » Ellen Terry expliquait comment Sarah Bernhardt appliquait son colorant à lèvres carmin aux yeux de

«Le rouge à lèvres est ma peinture de guerre.»

Sarah Bernhardt

tous, à l'aide d'un pinceau en poils de blaireau, une couleur qui contrastait avec «la poudre blanche» qu'elle utilisait selon elle avec excès.

Le succès et la popularité de Sarah Bernhardt dépassent les frontières. Ses spectacles qui se jouent aux quatre coins du monde font d'elle la première star internationale. Son audace et le scandale qu'elle entretient en exhibant sans pudeur cet accessoire qu'elle a baptisé «son stylo d'amour» vont populariser l'utilisation des couleurs flamboyantes qu'elle affectionnait. Non sans susciter une certaine émotion chez quelques auteurs contemporains, comme Algernon Swinburne, Oscar Wilde ou le dramaturge Théodore de Banville qui évoquait «ses lèvres rouges qui s'ouvrent comme une fleur et révèlent la blancheur tranchante des dents».

Dans son sillage, d'autres comédiennes comme Lola Montez se feront également des ambassadrices zélées du rouge à lèvres. Lola Montez était le nom de scène de Marie Dolores Eliza Rosanna Gilbert, comtesse de Landsfeld, née en Irlande en 1818 et morte à New York en 1861. Tour à tour danseuse exotique et actrice, elle subit la réputation de courtisane. Celle qui affirmait «Ce que Lola veut, Lola l'a» marqua aussi son temps pour avoir été la maîtresse du roi Louis Ier de Bavière et de Franz Liszt. «Il y avait dans sa personne un je-ne-sais-quoi de provocant et de voluptueux qui attirait. Elle avait la peau blanche, des cheveux

noirs ondoyants comme des pousses de chèvrefeuille, des yeux indomptés et sauvages et une bouche qu'on aurait pu comparer alors à une grenade en bouton. »

Ces artistes d'exception auront peut-être été les inspiratrices des femmes qui feront, quelques décennies plus tard, du rouge à lèvres une arme politique au service de leurs combats.

LE REGARD DE Philippe Grimbert

Psychanalyste, romancier et essayiste

Dans ses nombreux essais, Philippe Grimbert décortique avec passion les phénomènes sociétaux. Il nous a paru évident de lui demander de contribuer à cette histoire du rouge à lèvres.

Une image, anodine en apparence, revêt cependant un aspect troublant: celle d'une femme devant son miroir, appliquant son rouge à lèvres. Cette scène est chargée d'une dimension symbolique inconsciente, sécrétée par un accessoire de maquillage riche de significations, pouvant susciter un émoi chez le spectateur. Celui-ci a le sentiment parfois gênant, parfois excitant, de surprendre un acte intime quand il assiste à ce rituel dans un lieu public, une terrasse de café par exemple. Au-delà du simple geste de coquetterie, d'une banalité quotidienne, c'est au triomphe du narcissisme qu'assiste le témoin: plongée dans son propre regard, une femme caresse ses lèvres avec un phallus miniature qui s'est dressé hors de son fourreau. Apparemment indifférente au monde qui l'entoure, elle se noie dans son reflet comme le héros mythologique contemplant son visage dans la surface d'un lac.
Cette bouche peinte, soulignée de rouge, peut être alors vue fantasmatiquement comme une promesse, renvoyant à l'image d'autres lèvres: celles du sexe féminin dont elle devient la métaphore, sa couleur rehaussée évoquant l'afflux de sang qui, chez l'homme comme chez la femme, accompagne l'excitation. Après cet exercice d'auto-érotisme, le miroir de poche une fois refermé, cette bouche peut laisser imaginer qu'elle va s'offrir à un partenaire, baiser ou étreinte qui laissera sa trace, comme la marque d'une brûlure.
Mais n'oublions pas que la bouche est aussi — et avant

tout — le lieu de la parole. La mettre ainsi en évidence par le maquillage, en faire le pôle d'attraction qui focalise le regard peut alors être vu non pas comme une aliénation aux critères de la mode mais comme une façon de proclamer l'avènement d'une parole et d'une sensualité libérées. Fantasmer ce que ces lèvres peintes peuvent nous faire, mais surtout nous dire, explique — sans excuser — que le rouge baiser soit objet de réprobation dans certaines cultures ou religions où un sexe opprime l'autre, quand il cumule dans l'inconscient masculin l'aspect sexuel et la revendication du droit à une parole sans entrave, celle de femmes aujourd'hui encore muselées dans une grande partie du monde.

▲
Philippe Grimbert.

2de partie

La SAGA du TUBE

du SIÈCLE

1 POURQUOI LE ROUGE À LÈVRES EST-IL… ROUGE ?

Pourquoi le rouge à lèvres, cet artifice qui rend les femmes si désirables, ne pouvait être que… rouge ? À cela, on le verra, de nombreuses raisons. Et d'abord celle-ci : le rouge est autre chose que rouge. C'est une couleur qui signifie toujours plus qu'elle-même. *Rubeus*, le mot latin dont est issu notre mot *rouge*, veut dire à la fois « rouge » et « coloré » — comme *colorado* en espagnol. En russe, *krasnoï* veut dire « rouge » mais aussi « beau ».

Dans l'Antiquité, la gamme chromatique ne comportait que trois couleurs : le blanc pour l'incolore, le noir pour le sale et le rouge pour la couleur. Cette suprématie du rouge s'explique en partie par le fait que c'est une des premières couleurs que l'homme a maîtrisées. La première qu'il a utilisée pour peindre et teindre. Obtenu à partir de la terre ocre, le rouge se retrouve ainsi dès la préhistoire, dans l'art paléolithique, comme en témoignent les bisons noirs et rouges de la Grotte Chauvet qui date de 35 000 ans av. J.-C.

Les artistes n'ont jamais cessé de l'exploiter comme couleur du choc, de la violence et de l'esprit du mal, mais aussi pour figurer un monde de joie et de rédemption. Le rouge a toujours traduit les sentiments les plus exacerbés du genre humain. Les femmes et les hommes l'investissent de la gamme de leurs émotions et de leurs passions, et le chargent de symboles — le pouvoir et la puissance. Dans l'Antiquité, il habille en effet le dieu Mars, les centurions romains et les prêtres les plus importants. À partir des XIIIe et XIVe siècles, le pape, jusque-là de blanc vêtu, se met lui aussi au rouge, imité bientôt par ses cardinaux.

Jamais neutre, toujours ambivalent, caractérisant à la fois le positif et le négatif, il reflète aussi bien la passion et l'amour que la violence et la haine. Mais peut-être que la raison principale pour laquelle il colore les lèvres, c'est qu'il est à la fois symbole d'engagement et d'interdiction : comme un baiser, un mensonge, une promesse, un soupir, une menace — bref tout ce qui peut émaner des lèvres. Parfois ardent, parfois sombre, le rouge renvoie aussi au sang — la vie — et au feu — l'enfer.

C'est cette richesse symbolique qui l'impose depuis les temps les plus reculés. Pour le fabriquer, le transformer en textures colorées, il a suffi à nos plus lointains ancêtres de puiser dans les ressources que la nature mettait à leur portée : poudres d'algues, cochenille, insectes pilés, brome, miel, cire d'abeille, huile d'olive, jus de raisin, pétales de roses ou de coquelicots, terre ocre, pour ne prendre que ces quelques exemples.

Les plus beaux rouges étaient très coûteux à produire, comme la somptueuse « pourpre » obtenue à partir de véritables génocides de coquillages, réservée à l'élite des sociétés de l'Antiquité. Cette couleur était tellement chargée de sens, qu'à certaines époques, il était interdit de s'habiller de rouge sous peine de mort, sauf si on était prince de sang. Satiné, brillant, vif, franc, translucide mais aussi mat, compact, couvrant, le rouge s'étire dans des tons cerise, fraise, mûre, grenade, framboise, carmin, coquelicot, vermillon, écarlate, garance, cardinal, rubis, sang ou pourpre. Quarante-deux mots figurent dans le dictionnaire français pour définir cette seule teinte !

C'est par le rouge qu'on obtient cet embrasement des lèvres qui éclaire le visage et l'égaye. Aussi supplantera-t-il toujours les beiges pastel, rose fuchsia, rose-thé, orange clair, ou toute autre

▶
Publicité Helena Rubinstein. Vers 1950.

teinte qu'on essaye régulièrement de lui substituer. Comment concurrencer une couleur qui incarne à la fois l'amour et la haine, la vie et la mort ? Une couleur qui symbolise, pêle-mêle, la tentation, la force, le pouvoir, la puissance, l'énergie, l'interdit ou la détermination ?

2 LA GUERRE DES INVENTEURS

Comment est né le tube de rouge à lèvres moderne ? Qui l'a finalement inventé ? Quand ? De Guerlain à Maurice Levy, d'Helena Rubinstein à Max Factor ou encore Elizabeth Arden, chacun revendique son invention...

On présente souvent Maurice Levy, un designer de la Scovil Manufacturing Company, comme l'inventeur, en 1915, du premier tube métallique contenant un rouge à lèvres, le *Tube Levy*, doté d'un petit levier, une sorte de poussoir qui permettait d'abaisser et de relever le bâtonnet. Mais des inventions antérieures à 1915 viennent démentir cette affirmation, comme l'attestent des publicités parues dans des journaux américains dès 1909, faisant état de l'existence de contenants métalliques pour « rouge à lèvres » munis du même mécanisme.

À New York, en février 1910, le magasin de luxe Saks & Company fait une campagne de promotion pour un objet extraordinaire: une « châtelaine en argent massif composée de

cinq pièces: bonbonnière, tablette mémo avec crayon, rouge à lèvres, porte-monnaie et miroir».

En 1911, un journal de Caroline du Nord, *The Charlotte News*, publie un article sur ce nouveau genre de bijou, véritable accessoire de luxe: «Un autre ornement de châtelaine très apprécié

de nos jours est l'étui à bâton de rouge à lèvres. Pour les personnes non averties, ce mince tube d'or ou d'argent peut sembler être un innocent crayon [...] mais l'une des extrémités de l'étui métallique s'ouvre sur une minuscule charnière et révèle à l'intérieur le bâton de rouge à lèvres gélifié, que plus d'une femme utilise aujourd'hui... »

Ces étuis personnalisés et gravés à la main, vendus à des prix exorbitants, sont exécutés sur commande par des joailliers pour des clients fortunés. Les fabricants de produits cosmétiques courants utilisent, eux, des emballages en papier ou en carton pour conditionner leurs bâtonnets de rouge à lèvres.

Si Maurice Levy n'est pas l'inventeur du rouge à lèvres rétractable, à qui doit-on cette invention ?

Selon les recherches de Rachel Felder (*Red Lipstick - An Ode to a Beauty Icon*), c'est le parfumeur français Pierre-François-Pascal Guerlain qui aurait tout révolutionné. Avant lui, un petit pot en verre contenait la crème colorée ou le baume teinté qui servait de fard à lèvres.

◄
Produits cosmétiques Daphne. 1927.

En 1884, Guerlain change la donne en lançant *Ne m'oubliez pas*, le premier fard que l'on peut véritablement qualifier de rouge à lèvres: il est proposé dans un tube en étain muni d'un capuchon qui préserve de tout dessèchement le bâtonnet de rouge — fabriqué à partir d'un mélange de cire d'abeille, d'huile et de raisin noir. Si, dès 1910, on constate la présence des étuis à rouge à lèvres coulissant dans des publicités du parfumeur français Jean-Marie Dorin, ou dans celles des châtelaines déjà évoquées, le premier brevet d'une telle invention ne sera curieusement enregistré que sept ans plus tard... On devrait ainsi la conception d'un tel mécanisme à l'inventeur William Kendall qui a déposé son brevet en janvier 1917.

Mais qu'en est-il du tube de rouge à lèvres télescopique, tel que nous le connaissons aujourd'hui?

C'est en 1923 qu'un autre inventeur, James Bruce Mason Jr., dépose le brevet du premier tube pivotant.

Le rouge à lèvres de Mason pouvait être considéré comme une modernisation de l'invention de William Kendall: l'étui de rouge à lèvres «push-up», dont la forme, selon certaines sources, avait été inspirée par les obus ou les balles de fusil de la Première Guerre mondiale.

LES FEMMES ENTRENT DANS LA DANSE, LE ROUGE S'ENFLAMME

En ce début du XXe siècle, la voix des femmes commence à se faire entendre politiquement. Peu à peu et dans différents pays du monde, elles obtiennent le droit de vote, et certaines réussissent même à se faire une place dans le monde des affaires. Les

«Dans notre usine, nous fabriquons du rouge à lèvres. Dans notre publicité, nous vendons de l'espoir.»

Peter Nivio Zarlenga

Américaines Elizabeth Arden et Helena Rubinstein dominent l'industrie des cosmétiques de l'époque... et se livrent une guerre sans merci. Non seulement elles se volent leurs employés, leurs époux, mais également leurs innovations en matière de cosmétiques et de rouge à lèvres. Des innovations principalement destinées à augmenter la brillance des rouges et leur tenue, critères de qualité toujours d'actualité.

« Avec son emballage et mon produit, nous pourrions dominer le monde », disait perfidement Helena Rubinstein de sa rivale, la reléguant ainsi à une simple professionnelle du packaging.

Au-delà des innovations dans la fabrication du rouge à lèvres et de ses textures, l'histoire du rouge à lèvres reste indissociable de ces deux femmes d'affaires.

Ainsi, en 1912, Elizabeth Arden devient un acteur essentiel des manifestations pour le droit de vote des femmes. Alors que les suffragettes défilent devant son salon new-yorkais, elle leur distribue des tubes de rouge à lèvres. Les manifestantes l'appliquent immédiatement sur leurs lèvres et poursuivent leur marche en scandant des slogans féministes. Les lèvres peintes en rouge des suffragettes américaines inspirent les militantes européennes, australiennes ou néo-zélandaises qui adoptent à leur tour le rouge à lèvres comme symbole de leurs luttes.

En 1941, durant la Seconde Guerre mondiale, le gouvernement américain demande à Elizabeth Arden de créer une

ligne spéciale de cosmétiques pour les femmes soldats. Cette ligne comprend du fard à joues et le légendaire rouge à lèvres *Montezuma Red*, qui devient un élément officiel de l'uniforme militaire. Le lancement connut un tel succès qu'Elizabeth Arden créera par la suite un rouge pour les femmes non engagées, le *Victory Red*.

Les innovations d'Elizabeth Arden et d'Helena Rubinstein ne doivent pas pour autant laisser dans l'ombre un inventeur auquel elles, comme toute l'industrie des cosmétiques, doivent énormément : Max Factor.

En 1928, ce « make-up artist » d'Hollywood met au point une pommade, appelée plus tard gloss, qui donne un aspect brillant aux lèvres. Le cinéma en noir et blanc l'adopte immédiatement pour la visibilité et la sensualité qu'il donne aux bouches des actrices.

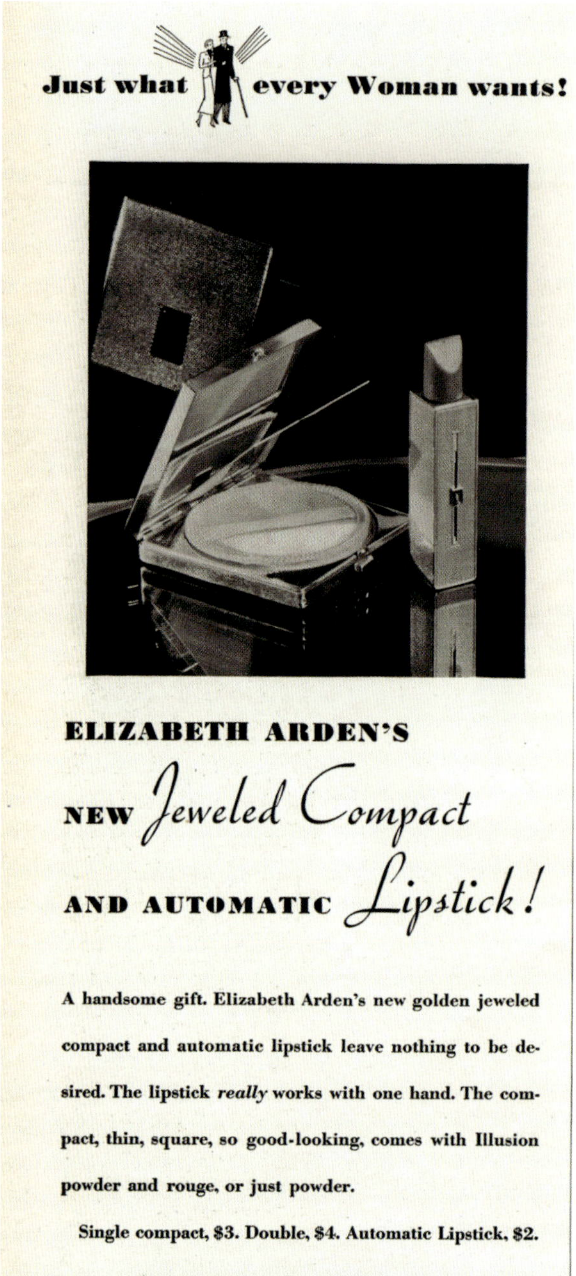

◄
Publicité
Max Factor.
Années 1960.

«Curieux, n'est-ce pas, qu'un rouge à lèvres ait le calibre d'une balle de Calibre 45?»

Alan Bradley

Deux ans après sa mort, en 1940, son fils, Max Factor Jr., mettra au point le *Tru-Color*, un rouge à lèvres dont la couleur ne s'altère pas et qui, cerise sur le gâteau, hydrate durablement les lèvres. Pour la petite histoire, les tests seront faits à l'aide d'une machine (*The Kissing Machine*), qui reproduit les baisers humains grâce à une pression sur des lèvres artificielles enduites de rouge à lèvres. Cette machine permettait de mesurer le nombre de baisers que le rouge à lèvres pouvait supporter sans perdre sa substance ou sa couleur.

INTERVIEW

René Koch

Créateur & directeur du Lippenstift-Museum, le musée du Rouge à lèvres, à Berlin

Après une carrière internationale de visagiste auprès des plus grandes marques de cosmétiques, René Koch a créé en 2009, à Berlin, le premier et unique musée consacré au rouge à lèvres dans le monde. Le Lippenstift-Museum retrace l'histoire du petit tube télescopique à travers son évolution technique et esthétique durant ces deux derniers siècles et propose une collection impressionnante de témoignages rares et précieux. René Koch nous parle de son musée, ainsi que de sa passion pour le rouge à lèvres.

Quel a été votre parcours professionnel avant de fonder le musée du Rouge à lèvres ?

Tout a commencé par une formation d'esthéticien et de visagiste à Berlin. Ensuite, j'ai travaillé à Zurich, Paris et New York, notamment chez Charles of the Ritz et Yves Saint Laurent Beauté. J'y ai travaillé comme visagiste en chef de 1969 à 1990... J'ai parcouru la moitié du monde et maquillé d'innombrables célébrités comme Claudia Schiffer, Shirley Bassey, Eartha Kitt, Juliette Gréco, Mireille Mathieu, Hildegard Knef, etc.

Pourquoi — parmi tous les autres produits de beauté — vous êtes-vous intéressé au rouge à lèvres, au point de lui consacrer un musée ?

Le rouge à lèvres est plus qu'une simple trace de couleur sur le visage d'une femme. Il représente, à mon avis, une « attitude », il rend les femmes fortes et sûres d'elles. Il envoie ce message : « Regardez, je suis là ! » De plus, une bouche rouge

donne une taille fine, car on va d'abord regarder le visage de la femme et non d'éventuels petits bourrelets !

Quel était votre but en créant ce musée ?

La présentation de ma collection personnelle de rouges à lèvres, Stylo d'amour, aux Galeries Lafayette de Berlin, en 2008, a suscité un énorme intérêt du public. Et cet intérêt s'est répété dans toutes les villes qui ont accueilli l'exposition. Auparavant, la collection ne pouvait être visitée que chez moi, mais devant le succès rencontré partout où nous l'avons présentée, j'ai décidé de lui dédier un musée. Maintenant, tout le monde peut la voir.

▲
René Koch au musée du Rouge à lèvres, à Berlin.

Y a-t-il aussi des hommes qui visitent votre musée ?

Moins que les femmes, naturellement. Mais il y en a. Beaucoup d'hommes passionnés par l'histoire de la beauté et aussi des professionnels intéressés par l'évolution de l'esthétique et des cosmétiques.

Qu'attendent en général de leur visite ceux qui viennent voir votre musée ?

Les visiteurs et visiteuses du musée savent qu'ils y trouveront un condensé historique et culturel de l'évolution du rouge à lèvres, de 1883 à nos jours. On y retrace le lien entre cet accessoire et des femmes célèbres qui l'ont rendu incontournable, chacune à son époque. Comme Sarah Bernhardt qui l'a promu au XIXe siècle et lui a donné le surnom de Stylo d'amour. Ou encore Hildegard Knef, la grande actrice allemande qui, après la Seconde Guerre mondiale, a popularisé le « VL » (*der Volks Lippenstift*, « le rouge à lèvres du peuple »), destiné à toutes les femmes. Une véritable révolution !

Parmi les 250 pièces exposées, lesquelles sont, selon vous, les plus extraordinaires ?

Le musée accueille des pièces précieuses et exceptionnelles, certaines serties de diamants et de brillants, des pièces en argent massif dans leur boîte à musique en forme de carrousel. Et il y a également les très nombreux modèles qui racontent l'histoire du rouge depuis la fin du XIXe jusqu'à l'ère contemporaine à travers leurs matériaux et leurs formes, les contenants et les contenus. On trouve également des pièces uniques provenant du très célèbre salon de beauté Figaro de Berlin, que des grandes stars, comme Marlene Dietrich, fréquentaient dans les années 1920.

Votre collection propose des rouges à lèvres de la RDA, l'ex-Allemagne communiste. Qu'avaient-ils de si particulier ?

Ces rouges à lèvres dans leurs étuis en plastique, simples et sobres, sont des témoignages intéressants. Ils n'étaient pas vraiment interdits et étaient d'ailleurs relativement bon marché. Mais il n'en reste pas moins qu'une femme qui portait du rouge à lèvres en RDA suscitait de la méfiance et était soupçonnée de nostalgie pour les pays capitalistes.

Quel message les femmes qui se maquillent veulent-elles envoyer ?

La séduction. Il est scientifiquement prouvé qu'une femme aux lèvres rouges est regardée sept secondes de plus par un homme et qu'une femme aux lèvres roses est regardée cinq secondes de plus qu'un visage sans maquillage. La couleur rose impressionne les hommes à l'instinct protecteur, la couleur rouge les hommes passionnés, la couleur violette les hommes qui aiment l'art.

Selon vous, qu'attend une femme de son rouge à lèvres ?

Elle peut tout en attendre. Car contre une somme modique, il la transforme en un seul geste. D'ailleurs, le rouge à lèvres a toujours le vent en poupe en temps de crise et d'urgence, quand on ne va pas très bien. C'est le petit luxe qu'on ne sacrifie pas.

Souvent, les autorités politiques et religieuses ont interdit le rouge à lèvres parce qu'il transformait, selon elles, les femmes en tentatrices. Pourquoi, selon vous, les hommes avaient-ils cette hantise ?

Au Moyen Âge déjà, les femmes aux lèvres rouges étaient accusées d'être des sorcières et on les brûlait. Je ne saurais pas dire pourquoi les hommes avaient peur des femmes aux lèvres maquillées. Mais je sais que les femmes maquillées avec style ont toujours exercé une attirance particulière sur les hommes. Ceux qui redoutaient le rouge à lèvres étaient peut-être des hommes faibles, complexés, que les femmes fortes et affirmées effrayaient.

En tant que grand artiste du maquillage, pourriez-vous nous citer les stars qui, selon vous, ont le mieux mis en valeur le rouge à lèvres ?

Depuis toujours, des stars comme Marlene Dietrich, Rita Hayworth, Vivian Leigh, Marilyn Monroe, Nicole Kidman ou Madonna, pour ne citer que celles-là, ont utilisé le rouge à lèvres et l'ont sublimé. Et depuis toujours, les femmes les ont non seulement imitées en se maquillant les lèvres mais souvent, à l'image de leurs modèles, elles redessinaient leur bouche en forme de cœur ou de cerise comme ces célébrités.

Qui influence aujourd'hui l'industrie cosmétique en matière de rouge à lèvres ?

Les créateurs de mode, les chasseurs de tendances, l'air du temps... et plus récemment, les réseaux sociaux. Le service de communication sur les couleurs de l'institut international Pantone Color Institute proclame également chaque année une couleur tendance de la mode, « the color of the year ». Celle-ci peut être consultée sur internet.

3 LE ROUGE AU FRONT

En ce début du XXe siècle, le rouge à lèvres devient un symbole de la lutte des femmes pour leurs droits. Quelques années plus tard, pendant la Seconde Guerre mondiale, il devient également une arme.

Hitler l'avait interdit à sa compagne, Eva Braun, et toutes les admiratrices du Führer l'ont aussitôt banni de leur trousse de maquillage. Lorsque des femmes devaient se rendre dans son chalet dans les Alpes bavaroises, elles recevaient une liste de tous les interdits dont, notamment, le rouge à lèvres et le vernis à ongles. Par ricochet, le rouge devient aussitôt le symbole de la résistance et de la victoire des Européens et des Américains sur le nazisme.

Souvent proscrit par les puritains anglais et américains qui cantonnent la coloration des lèvres aux actrices et aux prostituées, le rouge à lèvres prend sa revanche: ce sont les gouvernements de ces pays qui lui donnent ses lettres de noblesse en en faisant un symbole antinazi et vont grandement contribuer à sa popularité dans les sociétés occidentales.

Des campagnes de propagande vont ainsi inviter les femmes à se maquiller les lèvres en rouge. En Grande-Bretagne, l'utilisation du rouge à lèvres est encouragée par le Premier ministre Winston Churchill en personne («Il est bon pour le moral des femmes»). Rachel Weingarten, historienne de la beauté (autrice de *Hello Gorgeous! Beauty Products in America '40 s – '60s*) explique ainsi: «Il est fascinant de constater qu'en Grande-Bretagne, il n'y avait pas de rationnement ou d'interdiction de maquillage, car Churchill avait compris l'importance de maintenir ce niveau de normalité et de contrôle. C'est pourquoi les femmes étaient

◀
Une femme membre du WAAC (Women's Army Auxiliary Corps) se maquillant. 1944.

encouragées à essayer d'être aussi élégantes que possible en ces terribles circonstances. »

Le ministère de l'Approvisionnement déclarait même : « Le rouge à lèvres est aussi essentiel pour une femme qu'un approvisionnement en tabac l'est pour un homme. »

Aux États-Unis, des rouges à lèvres, fards à joues et vernis sont spécialement créés pour les femmes militaires.

Les marques de cosmétiques lancent la mode des noms « militaires » pour les nuances de rouge, comme le *Victory Red* d'Elizabeth Arden que nous avons mentionné plus haut, ou encore son *Montezuma Red, « inspired by the brave, true red of the hat*

▶
La Vie parisienne.
Vers 1910.

cord, scarfs and chevrons of the Woman in the Marines» (« inspiré par le rouge courageux et authentique du cordon des chapeaux, des écharpes et des chevrons des uniformes des femmes Marines »).

Si la popularité du rouge à lèvres s'accroît de manière extraordinaire lors de la Seconde Guerre mondiale, c'est pendant la Première, et pour d'autres raisons, qu'il avait commencé à s'imposer en Europe et aux États-Unis.

▶
Couverture du magazine *Photoplay*. Vers 1920.

Pendant que les hommes étaient au front, la nécessité économique et les efforts de guerre avaient conduit les femmes à progressivement exercer les professions qui leur étaient jusque-là interdites: elles travaillaient à présent dans les usines, comme conductrices de tramway, comme factrices, dans les villes mais aussi dans les campagnes où elles s'occupaient des fermes. Dans les usines, les directions fournissaient aux femmes des tubes de rouge à lèvres pour leur remonter le moral.

Une publicité, parue dans le quotidien britannique *Daily Mail*, expliquait comment le maquillage s'était adapté aux nouvelles responsabilités des femmes dans les villes et les campagnes.

Les hommes étant remplacés par leurs épouses, leurs sœurs et leur filles, les produits cosmétiques devaient permettre à la gent féminine de se conformer à leur «devoir de rester femme» et de se démarquer, par le rouge à lèvres, des codes masculins des métiers qu'elles occupaient.

Même refrain durant la Seconde Guerre mondiale. Dans ses publicités, Helena Rubinstein expliquait aux femmes que prendre soin de leur apparence était tout aussi important que d'aller travailler le matin...

Joignant le patriotisme au business, elle ne tarda pas à étendre sa communication aux femmes au foyer, leur expliquant que l'utilisation de cosmétiques, même à la maison, était une manifestation de patriotisme:

«*Even if your social or professional life does not demand it, your patriotism demands that you keep your face bright and attractive so that you radiate optimism.*» («Même si votre vie sociale ou professionnelle ne le nécessite pas, votre patriotisme exige que vous gardiez un visage lumineux et attrayant afin de rayonner d'optimisme.»)

PHOTOPLAY
OCTOBER
25¢
The National
Guide to
Motion Pictures
GOSSIP
NEVER HURTS

▶
Publicité Yardley.
Vers 1940.

De fait, toutes les marques de rouge à lèvres ont sans aucun doute profité de l'effort de guerre et augmenté leurs ventes au nom du patriotisme.

Tangee, l'un des plus grands fabricants de rouge à lèvres de l'époque, lança une campagne intitulée: «War, Women and Lipstick» («La guerre, les femmes et le rouge à lèvres»), en développant dans ses publicités l'argumentaire suivant: «Aucun rouge à lèvres — le nôtre ou celui d'un autre — ne gagnera la guerre. Mais il symbolise l'une des raisons pour lesquelles nous nous battons… le don précieux qu'ont les femmes d'être féminines et charmantes, en toutes circonstances.»

En Europe, Yardley, une grande entreprise britannique de cosmétiques, associa sa campagne à un plaidoyer féministe percutant: «No surrender» («Pas de capitulation»), un véritable encouragement pour toutes les femmes de l'époque à participer à l'effort de guerre en arborant leur rouge.

En 1939, toujours au Royaume-Uni, la société de cosmétiques Cyclax fait la promotion de son rouge à lèvres *Auxiliary Red* en mettant sur le marché une trousse de maquillage spécialement conçue pour tenir parfaitement dans la poche des uniformes féminins.

Aux infirmières de la Croix-Rouge mobilisées sur les champs de bataille, Helena Rubinstein proclamait dans ses publicités que leur devoir de se poudrer et de s'appliquer du rouge sur les lèvres n'était pas moins important que celui de sauver des vies.

Une telle affirmation peut paraître mercantile, mais pas quand on lit le témoignage suivant. Dans son livre *The Thoughtful Dresser*, Linda Grant nous livre un extrait du journal de l'un des premiers soldats britanniques à libérer Bergen-Belsen, à la fin

de la Seconde Guerre mondiale. « C'est peu après l'arrivée de la Croix-Rouge britannique, même si cela n'a aucun lien, qu'une très grande quantité de rouges à lèvres est arrivée, se souvient-il. Ce n'était pas du tout ce que nous voulions, nous les hommes. Nous réclamions des centaines et des milliers d'autres choses et je ne sais pas qui a demandé du rouge à lèvres. J'aimerais tellement savoir qui l'a fait. C'était une action de génie, une pure et simple intelligence. Je crois que rien n'a fait plus pour ces déportées que le rouge à lèvres... Enfin, quelqu'un avait fait quelque chose pour qu'elles redeviennent des individus : elles étaient quelqu'un, et non plus seulement un numéro tatoué sur le bras. Ce rouge à lèvres commençait à leur rendre leur humanité. »

Ce changement culturel révolutionnaire d'après-guerre concernant le rouge à lèvres (et le maquillage en général) n'était évidemment pas du goût des éternels apologistes de la morale puritaine.

Aux États-Unis, encouragés par les lois de la prohibition (votées grâce au poids de la très influente American Women's Christian Sobriety Alliance), les législateurs vont tenter d'interdire le rouge à lèvres et tout autre cosmétique, avec le soutien actif d'organisations religieuses, rejoints par des militants d'organisations syndicales. Cette fois, en vain.

Face à cette défaite, dépassés par la popularité d'un phénomène à la fois social et patriotique, les anti-rouge déclarent dans un dernier baroud d'honneur que les femmes qui utilisent des cosmétiques sont des « prostituées et des hérétiques irrécupérables qui ne peuvent être rééduquées ».

Aucun ne se doutait alors qu'un autre phénomène allait leur porter un coup fatal. Comme un rouleau compresseur que rien ne peut plus arrêter. Le rouge à lèvres allait bénéficier d'un ambassadeur de taille : le cinéma ! Hollywood et ses actrices glamour.

4 TAPIS ROUGE POUR LE GLOSS

Dans notre parcours historique consacré au rouge à lèvres, arrêtons-nous sur l'un des épisodes les plus fertiles de sa trajectoire: son triomphe dans le Hollywood des années 1950. Nous allons découvrir comment, influencées par la culture des pin-up d'après-guerre, les premières grandes stars hollywoodiennes popularisent mondialement le rouge à lèvres. De Rita Hayworth à Marilyn Monroe qui ne sortent jamais sans, d'Audrey Hepburn à Natalie Wood, ces icônes ont influencé les femmes du monde entier.

L'image de la pin-up a commencé à se répandre avant les années 1940. En 1917, pendant la Première Guerre mondiale, conscient que l'iconographie sexy est un argument publicitaire très efficace, le gouvernement américain utilise des pin-up sur les affiches incitant au recrutement de soldats.

Essentiel dans la panoplie de séduction de la pin-up: le rouge à lèvres vif qui sculpte les lèvres.

L'industrie des cosmétiques s'engouffre dans cette vague porteuse. Max Factor lance le *Hunter's Bow*. Il ne s'agit pas d'un nouveau modèle de rouge, mais d'une façon nouvelle de redessiner les lèvres en dépassant leurs contours naturels pour les rendre plus pulpeuses. Une forme déjà prisée dans la Grèce antique, qui accentuait la double courbure de l'arc de Cupidon de la lèvre supérieure, ce qui symbolisait à la fois la coquetterie, l'innocence, le sexe et le pouvoir qu'il apportait.

Cette forme « arc de chasseur » deviendra la norme des lèvres de pin-up. Un phénomène pin-up qui trouve son apogée lors de la Seconde Guerre mondiale. Utilisées encore et toujours sur les

▶
Natalie Wood.

affiches de recrutement de l'armée, les pin-up s'invitent à présent dans les foyers, les entreprises, les cabines des routiers et autres lieux professionnels, grâce aux calendriers.

S'il s'agissait jusqu'ici de modèles créés par des dessinateurs et donc virtuels, la photographie va tout changer. Dorénavant, ce sont des actrices qui prolongent le règne des pin-up. Et pas n'importe lesquelles.

Pour son lancement en 1953, le magazine *Playboy* frappe un grand coup avec, en couverture, une pin-up devenue star du grand écran: Marilyn Monroe. Cet idéal esthétique féminin infuse dorénavant le cinéma et les films en Technicolor, dont le principe de colorisation fait la part belle au rouge des lèvres.

Car si les actrices du noir et blanc exerçaient déjà une influence sur la mode et la beauté, si, tout comme aujourd'hui, les magazines fourmillaient de conseils pour aider leurs lectrices à ressembler à Joséphine Baker ou Clara Bow, ce n'est qu'avec le cinéma en couleurs que le rouge à lèvres va devenir le phénomène incontournable de l'esthétique féminine.

L'idéal de beauté des stars de cinéma reprend donc naturellement les codes esthétiques des pin-up et en premier lieu, le dessin des lèvres et le rouge vif.

Dans les années 1950, l'actrice Jean Peters est décrite par la presse comme *the most kissable lips in Hollywood* («les lèvres d'Hollywood que l'on a le plus envie d'embrasser»).

Rita Hayworth, maquillage pin-up «frais et éclatant», est élue l'actrice ayant les plus belles lèvres du monde par l'Artists League of America.

Si les lèvres discrètement peintes de Judy Garland dans *Le Magicien d'Oz* séduisent déjà les jeunes filles, c'est Natalie Wood

qui devient l'un des premiers « *role models* » pour les *teenagers* en encourageant les adolescentes à oser le rouge comme une ultime rébellion émancipatrice.

Incontournable à l'écran, le maquillage des lèvres conquiert du terrain partout : aucune star d'Hollywood n'apparaît en ville, sur le tapis rouge, dans les soirées et autres événements publics sans son rouge à lèvres. Plus rien ne freine désormais sa conquête d'un large public.

« Si je marche dehors sans rouge à lèvres, je me sens nue. »

Sofía Vergara

À la fin de la Seconde Guerre mondiale, l'euphorie gagne l'Amérique. Une liberté inconnue jusque-là libère les corps et les mœurs : les femmes dévoilent leurs formes dans des vêtements ajustés ou minimalistes et leur désir de se faire belles et de se maquiller comme elles l'entendent n'est plus entravé par aucun interdit. Le rouge à lèvres triomphe.

L'impact populaire du cinéma permet à ses comédiennes d'exercer, comme jamais avant elles, une influence esthétique phénoménale sur les femmes, chacune s'identifiant à « sa » star, dont elle copie le style et dont elle adopte le rouge à lèvres favori.

Certaines, parmi les plus célèbres, résistent à l'esthétique pin-up et optent plutôt pour le « bon goût » et la discrétion, jusque dans leur rouge à lèvres. Leur séduction n'en est pas moins grande. Et leur influence sur les autres femmes également. À l'instar de Katharine Hepburn dont on copie l'élégance, le glamour et le rouge à lèvres proche du *nude*.

Ou de Grace Kelly, dont le rouge à lèvres, à la fois lumineux et discret, est à l'image de son style classieux, mélange subtil du style français et de style hollywoodien.

Chez Kim Novak, ce que les femmes admirent, c'est la synthèse entre discrétion et audace : le contour de sa lèvre supérieure redessiné lui donne « un sourire secret et pourtant provocateur ».

Encore aujourd'hui, nombreuses sont les femmes qui s'inspirent de ces icônes hollywoodiennes d'hier. L'une des plus emblématiques reste Audrey Hepburn, la mythique héroïne de

◄ Rita Hayworth dans *Gilda*, réalisé par Charles Vidor. 1946.

«Toute femme a besoin d'un homme qui sache ruiner son rouge à lèvres, pas son mascara.»

Marilyn Monroe

Breakfast at Tiffany's, qui n'a jamais caché son attachement au «pouvoir» du rouge à lèvres: «*On a bad day there's always lipstick.*» («Dans les mauvais jours, il y a toujours du rouge à lèvres.»)

Malgré tout, la star qui peuple encore et toujours les imaginaires reste Marilyn Monroe.

Depuis sa célèbre une du magazine *Playboy*, elle est celle qui s'est le moins éloignée des codes populaires des pin-up.

Ce «look» de 1952, décliné en version plus naturelle à la ville, en version plus élaborée dans ses films ou lors de ses apparitions publiques, n'a jamais changé. Avec Marilyn, les studios d'Hollywood avaient trouvé la star susceptible d'enflammer l'imaginaire des hommes, la star populaire, l'antithèse d'une Grace Kelly, l'inaccessible, qui renvoyait aux classes supérieures dont elle était issue.

Marilyn se rapprochait de la façon dont l'Américaine moyenne se maquillait de façon visible, voire ostentatoire, pour plaire à son homme, souvent admirateur, lui-même, des filles sur les calendriers. Comme l'Américaine moyenne, Marilyn joue souvent le rôle d'une fille naïve et fragile. Selon la théoricienne du cinéma Laura Mulvey, la star représentait un glamour «sans classe, accessible au public féminin qui se peignait les lèvres».

Et, de fait, des cheveux peroxydés et des lèvres rouge franc *Hunter's Bow* pouvaient aisément transformer chaque Américaine en clone de Marilyn Monroe, plus ou moins réussi...

Des sourcils parfaitement dessinés, mais naturellement arqués, et des yeux charbonneux qui contrastent avec des lèvres rouge vif au dessin précis, c'est Elizabeth Taylor qui, rappelons-le, incarna au cinéma, en 1963, Cléopâtre, l'une des premières figures historiques adeptes du rouge à lèvres.

◀
Elizabeth Taylor.
1955.

Comme toutes les stars hollywoodiennes des années 1950 et 1960, Elizabeth Taylor fut égérie des marques de rouge à lèvres les plus emblématiques de leur époque, comme Elizabeth Arden ou Max Factor.

Ces campagnes publicitaires le banalisaient et en faisaient un produit de consommation comme un autre, un article disponible dans une large variété de prix et que chaque femme pouvait donc acquérir selon ses moyens. Le rouge à lèvres avait remporté définitivement une guerre débutée dans la Grèce antique.

Mais alors qu'il jouit d'un véritable âge d'or en Occident, qui permet enfin aux femmes de se maquiller les lèvres sans s'attirer les foudres de ses détracteurs, ce sont les femmes elles-mêmes, dans les années 1970, portées par des valeurs féministes liées au mouvement hippie, qui vont tout remettre en cause.

INTERVIEW
Maïna Militza
Cheffe maquilleuse

Maïna Militza est une cheffe maquilleuse d'origine québécoise. De Xavier Dolan à Denis Villeneuve en passant par Bertrand Bonello, elle a collaboré avec les plus grands cinéastes et son travail a été plusieurs fois récompensé, notamment pour les films *Mommy* et *Juste la fin du monde* de Xavier Dolan.
Elle a maquillé pour l'écran ou pour la scène des stars internationales, comme Marion Cotillard, Léa Seydoux, Kit Harington, Gaspard Ulliel, Céline Dion ou Billie Eilish. Il nous a paru intéressant de recueillir son avis sur les liens entre rouge à lèvres et stars de cinéma ou de la scène musicale.

Pouvez-vous nous retracer votre parcours ?

Toute petite, j'étais déjà subjuguée par certains visages, je dessinais les gens que je croisais, je leur faisais ensuite un maquillage sur leurs portraits papier. Adolescente, je regardais les films d'époque et je rêvais de faire ce genre de maquillages et de coiffures. Je ne pouvais pas avoir un autre métier que celui que j'exerce.

Durant votre carrière, avez-vous vu évoluer l'art du maquillage et en particulier le rouge à lèvres ?

Les tendances maquillage vont et viennent et le rouge à lèvres se fait donc parfois plus discret et naturel, ou plus fort et assumé. Mais il définit toujours notre personnalité ou notre humeur. Il y a eu des règles jadis mais je remarque que, de plus en plus, elles tombent en désuétude. Ça laisse place au plaisir pur de jouer avec les couleurs et les textures. On s'amuse, on se démarque, on se transforme, on ose !

Y a-t-il des différences d'un pays à l'autre? d'une culture à l'autre?

Oui, tout de même, je remarque quelques différences selon le pays où je me trouve. Cela dépend effectivement de la culture et parfois de la religion ou des croyances.

Par exemple, maquillez-vous les lèvres d'une actrice noire ou d'une actrice asiatique différemment? Avec des techniques et des produits spécifiques?

Il n'y a plus vraiment de règles imposées ou à respecter absolument mais il y a tout de même quelques astuces pour sublimer une lèvre selon le teint de la personne afin que ce soit harmonieux. Je n'irais pas, par exemple, avec un rose clair sur une actrice noire. Certains tons plus froids ou clairs ressortent légèrement grisâtres sur les peaux foncées. Il faut donc toujours garder cela en tête, de même que pour les teints mats, les couleurs orangées ne sont pas le meilleur choix.

▲
Maïna Militza, par Maxyme G. Delisle.

Pour les Asiatiques, les tons de prune sont souvent très jolis, mais un rouge vif ou un corail peut être tout aussi intéressant. Quelques couleurs sont plus caméléon et vont bien à presque tous les teints, les rose-mauve, les prune et les marron en font partie.
Pour ce qui est de la façon de dessiner la bouche, je crois que ce qui importe, c'est plus la forme des lèvres que l'origine de la personne.

L'un des critères de beauté actuels semble être les lèvres pulpeuses. Vos modèles vous font-ils cette demande ? Peut-on les obtenir grâce au maquillage ?

En effet, on me demandait souvent de donner un aspect plus volumineux aux lèvres. C'est tout à fait faisable avec une bonne technique : on redessine l'ourlet de la lèvre, avec un jeu d'ombre et de lumière on change les proportions et le volume original. Ça peut être intéressant aussi pour certains rôles qui nécessitent un changement de look ou simplement pour corriger une asymétrie ou pour redonner du volume à la bouche d'une actrice plus âgée, le temps d'un événement ou d'une photo.

Dans le maquillage d'une actrice pour un film, quel statut occupe le rouge à lèvres ? Quel message peut-il véhiculer ?

Il peut aider à signifier une époque selon la forme des lèvres et la couleur. Depuis les années 1920 jusqu'aux années 2000, chaque décennie avait un look assez précis en termes de maquillage et la bouche avait une forme et une couleur particulières. Si je vous dis Années folles, vous pensez tout de suite à la petite bouche en forme de cœur, maquillée de rouge vif. Le rouge à lèvres peut aussi donner un look plus glamour ou plus sexy à un personnage. Mais il n'est pas utilisé uniquement pour magnifier ou mettre en valeur. Il peut aussi avoir l'utilité contraire : un rouge à lèvres pâle ou grisâtre peut donner un air malade ou encore accentuer l'aspect extravagant d'une personnalité. Il peut aider à créer un personnage dérangé, fou, méchant ou enlaidir grâce à certaines teintes. Chaque ton et forme utilisé est adapté au personnage afin de le rendre le plus crédible possible.

Quand des films se situent à des époques passées ou futures, cherchez-vous à correspondre à une vérité de l'époque ? De quels moyens disposez-vous pour vous documenter et composer le maquillage, notamment des lèvres ?

Il y a effectivement des recherches, parfois longues, à faire : les livres d'art, les encyclopédies et les archives nous aident beaucoup. Et aujourd'hui, internet nous facilite grandement la tâche.

Vous avez maquillé des actrices de cinéma et aussi des stars de la chanson. Votre approche est-elle différente selon qu'il s'agit de la scène ou d'un film ?

Pour le cinéma, j'ai les contraintes du personnage et de l'époque, je forge une personnalité, je la travaille avec le maquillage pour que ce soit le plus crédible possible.
Pour un tapis rouge, je discute avec l'artiste avant et j'opère en fonction du look qu'elle souhaite avoir, le temps d'une soirée. Je fais une recherche et lui envoie des idées, puis on décide ensemble. Je veux toujours que la personne se sente à l'aise. Il faut la sublimer, pas la dénaturer.
En ce qui concerne les artistes musicaux, pour les vidéoclips par exemple, souvent on crée une histoire, un personnage. On peut vraiment s'amuser et transformer certains artistes en une nouvelle personne le temps du clip, c'est super créatif !
Pour la scène, le but est que le rouge à lèvres ne tache pas. Il faut éviter les transferts sur le micro. Donc, généralement, on utilise un rouge à lèvres longue tenue ainsi qu'un produit fixant afin qu'il ne bouge pas durant toute la prestation.

5 SALE GLOSS !

On a vu dans les chapitres précédents comment les religions et le pouvoir des hommes avaient, à diverses époques, mis le rouge à lèvres à l'index, stigmatisé, et souvent persécuté, les femmes qui en portaient.

Nous allons maintenant voir comment cet objet inoffensif a subi dans les années 1970 un double ostracisme: celui du féminisme naissant et celui du mouvement hippie. Le premier, l'accusant d'être un instrument d'aliénation au service des hommes, le second le rejetant comme symbole de la société de consommation. Aujourd'hui encore, les féministes n'ont pas soldé la question: dans le sillage de « Balance ton porc », les plus radicales ont initié, en 2018, le #Balancetonrouge!

Alors qu'à la fin des années 1960, le rouge à lèvres semble avoir fait plier définitivement ses détracteurs, les irréductibles conservateurs religieux ou législateurs, une mouvance féministe menaçante émerge en même temps que le mouvement hippie. Ce mouvement contestataire de baby-boomers beatniks qui prônait, entre autres, un retour à la nature et condamnait la société de consommation, va aussi mettre à mal le cosmétique le plus populaire du marché.

Non seulement le tube de rouge à lèvres incarnerait, selon lui, un capitalisme impérialiste, mais il dénaturerait aussi le visage des femmes... Certaines sympathisantes du mouvement préfèrent se tatouer le corps ou le décorer de peintures multicolores, symbolisant une sorte de retour à une forme de vie primaire.

Une « vague féministe » emboîte le pas aux hippies en rejetant cette société patriarcale qui assoit sa virilité en asservissant

les peuples et les femmes selon des normes esthétiques décrétées par les hommes.

Dans les années 1960 et 1970, ces féministes rejettent les modèles traditionnels de la beauté féminine, qu'elles considèrent comme oppressifs et réduisant la femme à l'état d'objet. Les plus radicales appellent à l'abandon du rouge à lèvres et de tout autre maquillage. Talons hauts, jupes courtes, soutiens-gorges finissent également au bûcher. Ce genre de manifestations va alors se multiplier aux États-Unis, mais également en Europe. La femme maquillée et vêtue pour être un objet de désir a vécu ! Conséquence logique : les ventes de rouges à lèvres accusent une baisse inquiétante pour l'industrie des cosmétiques qui ne tarde pas à réagir.

THE WORLD BELONGS TO
Charlie
The mood of '78
in dazzling colours, fashion
accessories, and gorgeous
Charlie Fragrance, will put
The World at Your Feet!
The fresh, great to be alive look of
Charlie's new colours in shimmering
Fresh Eyecolour, Frosted Real Live Blush,
Extra Shine Lipstick and Nail Gleamers
creating a totally terrific effect.
Charlie's travelling light. Eau de Cologne
in a cabin trunk! Solid Perfume in a special
Love Letter necklet. Shoulder Bag and Purse
Bag in "up-up and away" Airmail style! All
attractively priced with any Charlie purchase.
The World Belongs to Charlie
now at all Charlie stores

◄
Publicité
pour le parfum
Charlie de Revlon.
Vers 1970.

Les publicitaires ripostent en intégrant cette nouvelle donnée à leurs campagnes. Comme à chaque fois que, dans son histoire, le rouge à lèvres est remis en cause pour une raison ou une autre, on ne jette pas le bébé avec l'eau du bain, on l'adapte aux nouvelles normes. L'industrie de la beauté se met à proposer des fards présentés comme naturels, à peine visibles, un moyen de contourner le problème, et de permettre aux femmes de continuer à se maquiller les lèvres sans choquer les nouveaux inquisiteurs. Les lipsticks aux colorations discrètes font leur réapparition.

Dans leurs publicités, les marques de rouge à lèvres abandonnent également les représentations de femmes trop sexuées ou celles qui valorisent la femme au foyer, pour la nouvelle femme : la femme indépendante et libre. En 1973, une publicité de Revlon met en scène pour la première fois une femme en pantalon, présentée comme « la femme insolente et indépendante ». Dans cette campagne pour le parfum *Charlie*, le nom du produit semble écrit à la main, avec un rouge à lèvres. Une publicité subliminale pour le rouge rouge, en quelque sorte, d'ailleurs définitivement admise par la marque huit ans plus tard, dans une publicité vantant ouvertement cette fois le rouge à lèvres du même nom.

Dans son livre *Fresh Lipstick: Redressing Fashion and Feminism*, Linda Scott insiste sur le fait que l'influence puritaine de ces féministes des années 1970 est encore à l'œuvre. « La critique féministe interprète systématiquement une publicité (ou un film ou une mode) jusqu'à ce qu'il soit démontré qu'il s'agit d'une tentation visant le regard masculin, puis s'arrête. L'implication est que si une robe, une image ou une coiffure est sexy, elle est *ipso facto* oppressive. »

The Charlie you kiss with.
How a lipstick makes your mouth feel is almost as important as how it makes your mouth look. The creamy consistency of Charlie Extra Extra-Shine Lipstick makes your mouth feel soft, creamy, moist. The creaminess produces a luscious, glistening shine. And the colours are as pure and distinct as they are special. And that's how it is with Charlie lipstick.
Charlie
Extra Extra-Shine
Lipstick
REVLON
Charlie
REVLON SUPPORTING
THE BRITISH OLYMPIC TEAM

◀
Publicité
pour le rouge
Charlie de Revlon.
Vers 1970.

Selon les féministes de cette «deuxième vague», la mode était dictée par l'industrie de la beauté — celle des cosmétiques en particulier, une industrie uniquement contrôlée par les hommes. Or, dans son étude de 150 ans d'histoire de la mode, Linda Scott constate que «les hommes n'ont que peu ou pas à dire à ce sujet», et qu'il s'agit «clairement d'un jeu de femmes». Selon elle, la plupart des publicités sont conçues par des femmes, souvent bien installées dans les bureaux exécutifs des marques.

De toute façon, et comme d'habitude, dès que le marché du rouge à lèvres se trouve attaqué et fragilisé, un contre-feu salvateur et inespéré s'allume pour lui venir en aide.

Si Hollywood propulsa le rouge à lèvres franc et assumé dans la trousse à maquillage de chaque femme occidentale, si le féminisme lui a donné un coup d'arrêt, c'est un autre phénomène culturel, cette fois musical, qui va allumer ce contre-feu salvateur: le disco.

INTERVIEW
Mathilde Lion
Analyste de l'industrie de la beauté

Mathilde Lion est experte beauté au sein du groupe NPD, une société d'études de marchés européenne, spécialisée dans l'industrie du luxe et des cosmétiques. Elle suit au plus près l'évolution des tendances et des modes auprès des industries de ce secteur, qu'elle accompagne dans leurs choix. Elle dresse pour nous un état des lieux.

Pouvez-vous nous dire quelle part occupe le rouge à lèvres dans la vente des cosmétiques ?

C'est le produit le plus vendu en parfumeries et en grands magasins. Il représente 22 % des ventes unitaires.
L'achat d'un rouge à lèvres est beaucoup moins lié aux besoins, il est surtout lié à nos envies, à la façon dont on va s'habiller, à notre humeur ou même au temps qu'il fait. On en possède souvent plusieurs, d'autant plus que ce n'est pas le produit le plus cher de la gamme des cosmétiques.

Le rouge à lèvres semble s'adapter à l'air du temps. On a vu ces dernières décennies émerger des rouges à lèvres spécifiques pour les peaux noires, puis des rouges à lèvres qui surfent sur la vague écologique et donc recyclables, écoresponsables, etc. Ces dernières évolutions traduisent-elles un véritable tournant ou un épiphénomène ?

C'est un véritable tournant. Les réseaux sociaux et les préoccupations écologiques sont à l'origine d'une véritable révolution. Il y a quinze ans, les marques étaient encore dans une démarche top down, du haut vers le bas. Alors qu'aujourd'hui, ce sont les consommateurs qui décident et qui génèrent les types de produits qui sont mis sur le marché.

▶ Mathilde Lion, par @taglialatella, © parislovetrash.

Tous les produits, dont les rouges à lèvres, qui sont lancés actuellement, quasiment tous, intègrent une démarche de développement durable. Et les grandes marques s'y sont enfin aussi mises. Elles axent d'ailleurs leur communication sur les ingrédients plus naturels qui les composent, sur la notion d'écoresponsabilité, de traçabilité, de transparence, sur du rechargeable, etc. C'est plus qu'une tendance, c'est devenu incontournable.

Depuis des années, on voit des influenceurs très suivis sur les réseaux sociaux promouvoir un rouge à lèvres au masculin. Évidemment, pour les marques ce serait une manne non négligeable. Mais croyez-vous que les hommes soient enfin prêts à se maquiller les lèvres ?

Il y a déjà eu quelques tentatives. Chanel a lancé une ligne de maquillage pour hommes. Pour les lèvres, la marque ne propose qu'un baume transparent. Très franchement, on en parle depuis des années mais pour l'instant, c'est un espoir, pas encore une réalité. En tout cas en Europe. Les marchés asiatiques donnent, en revanche, des signaux plus forts. De plus en plus d'hommes osent se maquiller les lèvres en Thaïlande, en Chine ou en Corée du Sud.

Des féministes ont récemment lancé — avec un certain succès — le #Balancetonrouge. Ce féminisme radical, qui considère que le rouge à lèvres est quasiment un instrument de domination, influence-t-il selon vous les femmes et affecte-t-il les ventes de ce produit ?

Ce que je peux vous dire, c'est que 15 % des Françaises ne se maquillent plus du tout et ça ne concerne pas que le rouge à lèvres. Beaucoup plus qu'en Espagne ou en Italie. Il peut y avoir plusieurs raisons à cette désaffection: des convictions féministes, effectivement, mais aussi des valeurs d'écoresponsabilité. Après tout, ces produits ne sont pas vitaux.

Cela dit, le maquillage et le désir de beauté ne sont pas nés avec le féminisme ou la société de consommation. Ils existent depuis toujours. Ce n'est pas ça qui mettra leur existence en péril.
Dans les sociétés asiatiques, les femmes ont quand même des cours de maquillage à l'école. Ça fait partie du programme scolaire d'apprendre à se maquiller. Parce qu'on ne conçoit pas d'aller à son travail, quel qu'il soit, sans un maquillage soigné et adapté à son activité. Depuis toujours d'ailleurs en Asie, le maquillage ne s'envisage pas uniquement par rapport à l'homme mais par rapport à la société en général. Et le marché asiatique des cosmétiques est celui qui connaît depuis quelques décennies la plus grande progression. Dans une économie mondialisée, l'industrie des cosmétiques ne craint pas grand-chose.

6 PAILLETTES, GLAMOUR ET BOULE À FACETTES

L'histoire du rouge à lèvres ne manque pas de rebondissements. Après la disette que lui ont imposée les féministes et le mouvement hippie, il fait un retour spectaculaire grâce au disco.

Au milieu des années 1970, les divas de ce nouveau genre musical festif, de Donna Summer à Diana Ross, de Patti LaBelle à Chaka Khan, relancent la mode des rouges flashy qui font aussitôt fureur.

Considéré par les historiens comme un phénomène de contre-culture, le disco va s'imposer et submerger à la fois la musique hippie, la vague psychédélique et le rock de Woodstock.

Une opposition qui n'est pas seulement musicale. Elle est tout aussi radicale dans les looks et l'apparence. Le disco, musique de « discothèque », impose un look et un maquillage extravagants : fards pailletés et flashy accompagnent un retour spectaculaire du rouge à lèvres, vif, franc, hyper glossy et parfois même de nouvelles teintes comme le violet ou le jaune.

Le glamour, décrié par les féministes de la deuxième vague, fait un retour provocant et triomphal grâce à ses nouvelles ambassadrices qui font danser les foules jusqu'au bout de la nuit dans les discothèques.

Il est d'ailleurs intéressant de constater qu'au moment où les féministes blanches américaines des années 1970 condamnent le rouge à lèvres qui obéit aux diktats masculins, les femmes noires américaines mènent de leur côté d'autres combats pour leur émancipation et l'abolition des lois ségrégationnistes.

▶
Diana Ross.
1970.

Influencées peut-être par les reines noires du disco, ces Afro-Américaines considèrent, au contraire, que porter du rouge à lèvres est un acte militant qui leur permet de prendre pleinement leur place parmi toutes les autres femmes américaines.

Mais la vogue des lèvres flashy incarnée par Diana Ross ou Donna Summer gagne de plus en plus d'adeptes parmi les stars : de Farrah Fawcett à Raquel Welch, de Lynda Carter à Dolly Parton — la reine de la country, pourtant à dix mille lieues du disco —, elles adoptent toutes un maquillage ostentatoire et le rouge à lèvres qui va avec.

◄
Coffret de disques vinyles de Donna Summer, *Bad Girls*. 1979.

Et comme une nouvelle mode apparaît toujours en réaction à la précédente, un autre phénomène musical va porter le lipstick là où personne ne l'attendait: sur la bouche des hommes. Le punk.

Pendant que le disco se la joue sexy et effronté, le punk rejette violemment la sensualité, autant que la culture hippie, pour se recentrer sur la rébellion et la provocation. Et quoi de plus provocateur qu'un jean déchiré, une épingle à nourrice en guise de piercing et un teint blafard rehaussé d'un rouge à lèvres noir ou violet — qui dégouline sur le menton?

Mais punk ou disco, il reste un symbole de combat. Associée pour toujours à son rouge à lèvres immortalisé par Andy Warhol, la chanteuse Blondie mettra son image au service d'une campagne de promotion d'un rouge à lèvres vendu au profit des malades du sida.

Dans les années 1980, d'autres artistes comme Cyndi Lauper et, bien sûr, Madonna s'inspireront de la culture punk pour créer leur propre look: leur rouge est sexy et toujours provocant.

Nous sommes au début des années 1980 et le lipstick trouve sa place dans les trousses à maquillage de la quasi-totalité des femmes dans les démocraties... Mais dans certains pays, le rouge à lèvres subit toujours des foudres encore plus violentes que celles que notre Moyen Âge lui avait infligées. Des régimes où le lipstick est encore et toujours brandi aujourd'hui par les femmes comme une arme, un symbole de liberté et de libération.

7 SUR TOUTES LES BOUCHES, MAIS PARFOIS BOUCHES COUSUES

Nous arrivons au terme de notre extraordinaire saga du rouge à lèvres. Dans ce chapitre, nous allons découvrir comment, dès la fin du XXe siècle, il évolue dans ses formes, textures et couleurs. Mais aussi comment et pourquoi il reste encore malmené, parfois même interdit, par certaines mouvances et régimes dans le monde… Et, parfois aussi, mis en danger par une crise sanitaire qui aurait pu lui être fatale.

Dans les années 1980, le rouge à lèvres est plus qu'un cosmétique, c'est l'accessoire de beauté incontournable et ludique : teintes fluo, rose acidulé, orange sanguine, on joue avec des couleurs inspirées des boîtes de maquillage pour petites filles, pour les assortir aux vêtements ou à l'humeur.

Avec l'avènement du vidéoclip et de la chaîne musicale MTV, ce sont les stars de la pop musique qui dictent les tendances. Et la star de la décennie se nomme Madonna. Dans ses looks, la chanteuse parvient tour à tour à mêler un héritage punk en accordant son lipstick à ses bracelets en caoutchouc noirs — époque *Holiday* —, puis à son look Marilyn pendant la période *Like a Virgin*, associant ainsi glamour et rébellion assumée.

Mais au début des années 1990, Madonna va se révéler bien plus qu'une ambassadrice du lipstick et propulser de manière plus ou moins volontaire une marque de cosmétiques et de rouges à lèvres parmi les plus tendance : MAC (Make-up Art Cosmetics). Une histoire qui n'est pas sans rappeler les débuts de la marque Max Factor.

Comme l'explique Rachel Felder dans son ouvrage *Red Lipstick, an Ode to a Beauty Icon*, lors de la tournée *Blonde Ambition*,

▸ Madonna sur scène. 1990.

en 1990, alors qu'elle était au sommet de sa gloire, sur scène, dans sa tenue à soutien-gorge conique signée Jean-Paul Gaultier, Madonna portait un rouge à lèvres bleu-rouge créé pour elle par le cofondateur de MAC, Frank Toskan. Ce n'était pas seulement la couleur novatrice de ce lipstick qui allait populariser ce rouge, mais également sa texture.

Madonna avait demandé aux fondateurs de cette start-up balbutiante, inconnue du grand public, de lui créer spécifiquement pour sa tournée un rouge à lèvres capable de tenir plus de deux heures de show, de résister à la sueur et aux chorégraphies énergiques et physiques.

Elle venait d'offrir à une marque de cosmétiques qui ne vendait ses produits «faits maison» qu'aux maquilleurs, mannequins et photographes, un lancement dont personne n'aurait rêvé, ainsi qu'une avancée «chimique»... le célèbre lipstick *Russian Red*.

Comme dans les années 1920 avec les innovations de Max Factor pour le cinéma, c'est encore une fois l'industrie du spectacle qui perfectionne les recettes du rouge à lèvres.

Avant une entrée en fanfare des teintes popularisées par des séries TV comme *Friends*.

La façon dont le personnage de Rachel Green, joué par Jennifer Aniston, se maquille les lèvres est perçu, aujourd'hui, comme le style majeur de la coloration des lèvres des années 1990: le contour des lèvres souligné au crayon foncé et une teinte assez claire pour les lèvres.

Mais c'est également à partir de ces années 1990-1995 que le rouge à lèvres va entamer une de ses dernières révolutions majeures: la révolution écologique.

Les préoccupations environnementales se diffusent dans toute la société. Les consommatrices se montrent de plus en plus soucieuses de la composition de leurs cosmétiques et particulièrement du rouge à lèvres. Certaines femmes — minoritaires cependant — poussent le militantisme jusqu'à substituer au rouge à lèvres le tatouage permanent de leur bouche dans une teinte rouge ou rosé. Le lancement sur le marché de rouges à lèvres naturels et sans additifs chimiques se développe. Le rouge est sommé de passer au vert. Mais pas seulement. Des associations exigent également l'abandon de toute expérimentation animale, rejoignant le combat que Brigitte Bardot menait depuis des lustres. Longtemps considérée comme une icône du rouge à lèvres, la star avait troqué son lipstick de marque contre un maquillage qui n'appartient qu'à elle: des lèvres soulignées au crayon noir et badigeonnées de pulpe de fruits.

On l'a bien compris: s'il veut survivre, le lipstick se doit d'être éthique. Exit tout ingrédient qui a un impact négatif sur l'environnement. Exit les produits testés sur les animaux! Tout comme l'huile de palme, omniprésente dans la composition des rouges à lèvres et considérée comme dangereuse pour les forêts et pour certaines espèces — orangs-outans, tigres, éléphants ou rhinocéros.

Les différentes cires utilisées pour la fabrication du rouge, si elles sont d'origine animale, végétale, synthétique ou provenant de différents hydrocarbures saturés qui ont un impact négatif sur l'environnement et sur la santé des consommateurs, sont écartées.

Le marché s'adapte et prend en compte ces impératifs écologiques. La mise en vente de rouges à lèvres bio, balbutiante au début des années 2000, explose.

En France, les premiers à se lancer sont des marques niches. Nicolas Gerlier crée l'un des premiers labels écoresponsables, La Bouche Rouge.

INTERVIEW
Nicolas Gerlier
Fondateur de la Bouche Rouge

Nicolas Gerlier, 43 ans, a d'abord fait ses classes chez L'Oréal, notamment à la tête de son département « Maquillage ». Écologiste convaincu, il quitte en 2017 l'industrie des cosmétiques qui tarde à remettre en cause son mode de fabrication industrielle, pour lancer son label écoresponsable, La Bouche Rouge, et ses premiers fards à lèvres écologiques conçus pour « révolutionner les cosmétiques ».

Quel a été votre parcours professionnel ?

J'ai fait mes armes chez L'Oréal et j'ai beaucoup appris. Mais j'ai aussi pris conscience qu'il y a moins de cent ans, on a inventé une forme de bombe, toxique, indestructible et le plus terrible polluant créé par l'homme, le plastique. Or dans le maquillage, tout est en plastique, c'est plastique-land. Et même quand on le recycle, les poussières qu'il dégage se déposent partout et nous empoisonnent. Et le milliard de rouges à lèvres fabriqués chaque année y contribue largement.

C'est donc votre fibre écologique qui vous a fait abandonner une brillante carrière ?

C'est le sentiment que je n'étais pas en phase avec ce que j'accomplissais professionnellement : j'étais dans le secteur du luxe, et mon métier, c'était de créer un faux luxe avec le prix du vrai luxe et le storytelling du vrai luxe. À un moment, j'ai eu une overdose et j'ai décidé d'aligner mes convictions et ma vie professionnelle. Alors je me suis lancé. J'ai mobilisé mes économies pour créer La Bouche Rouge et y lancer un rouge à lèvres écoresponsable, le premier sans microplastiques.

Pourquoi un rouge à lèvres ?

Je voulais un objet qui soit le symbole de ma démarche et qui puisse donner très vite de la visibilité à La Bouche Rouge. Une crème de soin ou un parfum, vous les laisserez dans votre salle de bains, alors qu'un rouge à lèvres vous l'emporterez avec vous. Et j'ai aussi pris conscience de l'importance des selfies. Les ventes de rouge à lèvres ont explosé grâce aux femmes qui se maquillent la bouche avant de faire un selfie. Cétait donc le produit idéal à lancer pour symboliser la beauté du XXIe siècle.

Qu'est-ce qui différencie votre produit de ceux qui sont fabriqués industriellement ?

Nous avons mis en place une fabrication artisanale sans plastique de A à Z. Ça m'a pris quatre ans tant notre cahier des charges était drastique : aucun plastique, aucun ingrédient à risque tel que des perturbateurs endocriniens ou des

▲
Nicolas Gerlier,
par Ezra Petronio.

microplastiques. Pour la production, j'ai acheté une vieille machine de chez Dior qui date des années 1950, et qui nous permet de couler nos rouges dans des moules en métal et non en silicone comme cela se fait dans l'industrie. Notre rouge à lèvres est aussi 100 % recyclable. On pourra en posséder un seul qu'on rechargera autant de fois qu'on le voudra. Un bel objet pour la vie, réalisé avec du métal et des chutes de cuir. C'est du patrimoine vivant.

Cinq ans après votre lancement, quel bilan faites-vous ?

Nous avons réussi notre pari: nous sommes distribués en ligne, mais également dans tous les grands magasins et la bonne surprise c'est que la marque se déploie aussi à l'international. Le fait que La Bouche Rouge ait été le premier label à proposer un maquillage de luxe écoresponsable s'est avéré très payant.
Mais nous tenons à rester une marque de niche et donc des artisans. Parce que notre mode de fabrication nous limite et aussi parce que cette dimension «marque de niche» intéresse de plus en plus le public. En Chine, on est considéré comme ayant créé le plus beau lipstick au monde. Ce sont eux les grands consommateurs du luxe actuellement.

Certaines vont même plus loin. La société française Bâton Rouge, qui défend une approche également écoresponsable et transparente du produit, propose une fabrication à la demande : en quelques instants, dans leurs boutiques parisiennes, elles concoctent pour leurs clientes un fard sur mesure qu'elles conditionnent dans des tubes et emballages rechargeables. « Grâce à la fabrication à la demande, il n'y a pas de stocks, pas de déchets, constate Christelle Percheron, créatrice de la marque. On vient d'abord chez nous pour tester la couleur sur mesure. Toutes les nuances de couleurs, tous les tons sont possibles. On peut aussi choisir parmi cinq parfums différents, tous 100 % naturels, sans allergènes, et plusieurs textures : liquide ou solide, satinée ou mâtinée. Évidemment, notre démarche écoresponsable est notre gros bonus. »

Les sociétés de luxe s'engouffrent également dans le filon écologique, d'autant plus qu'il est économiquement porteur : en un an, le taux de croissance moyen est passé de 5,5 % à 5,7 % dans un marché mondial du rouge à lèvres en constante augmentation, évalué actuellement à 8,2 milliards de dollars.

Si, au début du XXIe siècle, le rouge à lèvres est définitivement accepté en Occident, il reste dans certaines régions du monde un enjeu idéologique et parfois une arme de résistance. Dans la Russie soviétique, le régime déconsidérait les femmes qui usaient de cet artifice, symbole de la société capitaliste. Et en organisait la pénurie.

Son commerce existait mais exigeait de la discrétion. Issai Kumets, ancien combattant de l'armée soviétique pendant la Seconde Guerre mondiale, réussit, au nez du régime, à monter un petit empire dédié à la beauté en s'affranchissant, en toute

▶ Photo provenant d'une série de portraits de soldats talibans, après la chute de Kandahar, recueillis par le photographe Thomas Dworzak, en Afghanistan. 2002.

illégalité, des régulations et des interdits. Mais en prenant d'énormes risques.

Les femmes des pays de l'Est devront attendre les années 1990 et la chute du rideau de fer pour assouvir, en toute liberté, leur envie de rouge à lèvres.

Mais aujourd'hui encore, des zones de résistance persistent, et pas forcément là où on s'y attendrait. Aux États-Unis, des communautés telles que les Amish continuent de rejeter cet artifice. Prônant une vie de simplicité et d'humilité, cette secte religieuse, où les femmes ont pour obligation de se couvrir la tête et de se vêtir de couleurs neutres, prohibe naturellement le rouge à lèvres considéré comme une arme de séduction satanique. On a tous à l'esprit des restrictions esthétiques similaires d'autres civilisations où le rouge à lèvres reste un symbole de résistance et de combats.

Après l'avènement, en 1979, de la révolution islamique en Iran, le régime avait interdit le rouge à lèvres comme tout autre maquillage. Une interdiction qui, au fil des ans, s'était assouplie au point qu'il n'était pas rare de voir, dans les rues de Téhéran, des jeunes femmes en jeans moulants et talons hauts, et du rouge à lèvres de couleur vive.

Mais au début du XXIe siècle, le régime se durcit. En juin 2009, des milliers de femmes descendent dans la rue pour contester l'élection du président Mahmoud Ahmadinejad. Les femmes de tous âges chantent, crient, brandissent des pancartes où l'on peut lire « V pour Victoire », et défient la police des mœurs. Ces rassemblements, les plus importants depuis la révolution islamique de 1979, sont appelés « révolution du rouge à lèvres ».

Des mouvements de résistance se multiplient chez les femmes, mais aussi, étonnamment, chez les hommes… Et même, chez certains combattants de l'armée talibane d'Afghanistan, de manière plus discrète.

En 2002, quelques semaines après que les derniers combattants talibans ont été chassés de Kandahar, dans l'arrière-boutique d'un studio photo, Thomas Dworzak, photographe de l'agence Magnum, tombe sur des tirages de photomatons oubliés. Sur ces photos, des hommes les moins susceptibles de se faire photographier portant du rouge à lèvres, les yeux dessinés et le visage fardé, tenant dans leurs mains aux ongles peints des fleurs en plastique aussi kitch que le décor en arrière-plan.

Ces hommes étaient des combattants talibans, un temps vainqueurs sur le terrain, mais vaincus par le rouge à lèvres, dans le secret de leur intimité.

D'époque en époque, au fil des régimes, l'utilisation du rouge à lèvres comme arme de rébellion et d'émancipation semble un éternel recommencement.

Depuis 2013, à l'occasion de la Journée internationale des droits des femmes, les hommes, célèbres ou non, se mettent du rouge à lèvres vif.

Lancé par une campagne de pub mettant en scène des célébrités masculines aux lèvres peintes de rouge, ce mouvement (#mettezdurouge) invite à lutter contre la violence envers les femmes.

Une campagne décriée par de nombreux détracteurs qui dénoncent les éternels clichés que l'on colle aux femmes.

Des critiques auxquelles la blogueuse Rim répond sur son site: «Pourquoi faut-il sur-analyser? On sait que le rouge à lèvres rouge est cliché. On sait qu'il ne définit pas la femme. Bon sang! Pourquoi s'arrêter sur ces détails de féministes endurcies ou entrer dans les débats de genres ou d'affaires sociétales? Mettre du rouge est juste une forme de dénonciation, une façon suggérée aux hommes d'exprimer leur soutien. Ni plus ni moins. Jamais une dénonciation n'est ridicule. L'idée du rouge à lèvres pour représenter les femmes est réductrice seulement si on décide de la percevoir ainsi.»

Au fil du temps, quand des mouvances souhaitent revendiquer des libertés, dénoncer des injustices, et parfois même déboulonner quelques statues, elles s'emparent encore du rouge à lèvres... À Madrid, en mars 2023, des militants LGBT décident de peindre en rouge vif les lèvres d'un buste de Che Guevara.

La raison ? Protester contre un personnage ouvertement homophobe selon eux. « Nous ne comprenons pas comment il peut y avoir, sur une place publique espagnole, un buste de cet assassin, de cet homophobe qui a envoyé des homosexuels dans des camps de travail. »

Au début des années 2020, rien ne semblait pouvoir atteindre la popularité, l'usage et le business du rouge à lèvres. Jusqu'à cette pandémie à laquelle personne ne s'attendait. Le Covid-19 allait bouleverser le monde entier en provoquant non seulement une crise de santé publique terrible, mais également une crise économique.

Le rouge à lèvres allait-il bénéficier encore une fois de son effet salvateur, le fameux « effet rouge à lèvres » constaté pour la première fois par Leonard Lauder, président de The Estée Lauder Companies Inc. ?

C'était compter sans l'accessoire fatal imposé par le Covid : le masque. Partout dans le monde, l'indice lipstick est terrassé par le virus. Les lèvres deviennent invisibles.

En France, deux mois après le début du confinement de mars 2020, les ventes s'effondrent de 53,4 %. Dans certains pays, la chute des ventes de lipsticks atteint plus de 70 %.

Un an plus tard, en mai 2021, alors que de plus en plus de gens se font vacciner et que le rythme des interactions sociales s'accélère, les ventes de rouge à lèvres reprennent peu à peu pour atteindre, aux États-Unis, une hausse de 80 %.

La grande chaîne de magasins Walmart, plus grand revendeur du pays, déclare à CNN Business que le rouge à lèvres reste le produit le plus performant dans tous les segments des cosmétiques et que « les derniers chiffres de ventes de rouge à

L'EFFET ROUGE À LÈVRES (L'INDICE LIPSTICK)

Les partisans de cette théorie se réfèrent au fait qu'aux États-Unis, après la Grande Dépression, les ventes de rouges à lèvres ont augmenté alors que l'économie connaissait ses jours les plus sombres.
Après les attentats du 11 Septembre, les statistiques ont montré une augmentation de 11 % de la demande de rouges à lèvres. Plus tard, lors de la récession économique de 2008, Estée Lauder a de nouveau constaté une augmentation des ventes de rouge à lèvres de l'entreprise, produits cosmétiques le moins coûteux en temps de crise.

Une étude publiée dans le *Journal of Personality and Social Psychology* s'est penchée sur les habitudes de consommation des femmes en période de récession économique: « Les résultats ont révélé que les indices de récession — qu'ils soient d'origine naturelle ou expérimental — réduisent le désir pour la plupart des produits (par exemple, l'électronique, les articles ménagers). Cependant, ces indices augmentent systématiquement le désir des femmes pour les produits qui amplifient l'attrait pour les partenaires — la première démonstration expérimentale de «l'effet rouge à lèvres». »

lèvres ont été remarquables », avec une forte préférence pour les lipsticks longue tenue qui ne bavent pas sur le masque.

Il n'aura finalement fallu que quelques mois pour que le rouge à lèvres reprenne la place exceptionnelle qui reste la sienne, dans le business des cosmétiques et sur les lèvres des femmes.

Quel avenir pour le rouge à lèvres ? L'histoire nous invite à penser qu'il reste le cosmétique numéro un dans le cœur et sur les lèvres des femmes, capable de résister à tous les obstacles qui se dressent devant lui, capable d'évoluer à travers des techniques de fabrication et d'application, avec, pourquoi pas, l'aide de l'intelligence artificielle...

8 UNE MANNE ÉCONOMIQUE

Le Covid n'aura été qu'un épiphénomène dans la très longue histoire du rouge à lèvres et certainement pas le plus spectaculaire. Comme le furent, dans les années 1980-1990, l'ouverture de la Chine et la fin du bloc soviétique qui lui ont acquis d'un seul coup des centaines de millions d'utilisatrices potentielles.

C'est d'ailleurs aujourd'hui l'Asie qui se taille la part du lion dans la répartition du marché des cosmétiques avec 35 % des parts de marché, suivie par l'Amérique du Nord, avec 25,70 %, puis par l'Europe, avec 22,10 %.

L'autre miracle économique, les cosmétiques le doivent au commerce en ligne, qui a dopé leurs ventes, et particulièrement celle du rouge à lèvres: 31 % des consommateurs déclarent avoir acheté au moins un tube de rouge en ligne.

Comme nous le rappelle Nicolas Gerlier, le créateur du label La Bouche Rouge, c'est l'une des conséquences inattendues de l'explosion des selfies et des photos saisies au smartphone: avant chaque selfie, on dégaine son tube de rouge pour une petite retouche. Un geste répété plusieurs fois par jour par des millions de femmes à travers le monde.

Inutile de faire des calculs savants pour imaginer les royalties que ce simple geste génère. Et dont profite largement L'Oréal, leader mondial de ce secteur, qui aurait engrangé près de 15,8 milliards de dollars à l'exportation.

COMMENT LE ROUGE À LÈVRES SE TAILLE LA PART DU LION

Le rouge à lèvres capte 22 % des ventes de cosmétiques, on l'a vu. C'est le produit de beauté le plus vendu, ce qui n'a rien de surprenant. L'achat d'un rouge à lèvres relève moins du besoin — comme l'achat d'un fond de teint par exemple — que de l'envie ou de la pulsion. Une femme transporte souvent plusieurs rouges à lèvres dans son sac, mais rarement plusieurs fonds de teint.

Les marques dites « Couture », Dior, Chanel ou Saint Laurent, en sont les leaders mondiaux. Suprématie qu'ils ont arrachée à la fin de la Seconde Guerre aux industriels des cosmétiques qui monopolisaient alors la distribution du rouge à lèvres.

Après Dior, qui en 1947 triomphe avec sa gamme « Miss Dior », Carven, Schiaparelli ou Chanel créent à leur tour leurs propres collections qu'ils harmonisent souvent avec leurs créations couture.

La haute couture comprend qu'avec le rouge à lèvres, tout le monde est gagnant. Les millions de consommatrices qui l'utilisent à travers le monde popularisent ces grandes marques et leur font une publicité inestimable. Pour les femmes, en retour, c'est une porte d'entrée accessible dans le monde prestigieux de la haute couture. Et pourquoi pas également un premier pas vers d'autres produits de luxe. C'est du moins sur ce pari-là que la haute couture mise.

Mais pour ce secteur, le rouge à lèvres représente à lui seul une manne financière dont personne ne soupçonnait l'importance. Il faut bien reconnaître qu'il n'y a pas plus polyvalent et plus adaptable aux lois du marché que le petit cylindre télescopique. Chaque année, il s'en vend dans le monde près d'un milliard, soit un tube toutes les sept secondes.

70 % des Françaises et 80 % des Allemandes, Américaines et Asiatiques l'utilisent chaque jour. Le rouge à lèvres coulissant est un centenaire qui se porte merveilleusement bien.

COMMENT LE ROUGE À LÈVRES SE CONVERTIT À L'ÉCOLOGIE

Toujours sensible à l'air du temps, le rouge à lèvres ne pouvait pas ignorer les préoccupations écologiques qui agitent la planète.

Actuellement, déboulent sur le marché des cosmétiques des dizaines de rouges à lèvres bio, végans, recyclables, rechargeables, naturels qui satisferont les plus exigeants des écologistes.

Cette préoccupation ne faiblira pas. Toutes les marques l'ont compris et même si elles ne se sont pas totalement converties à une production éco-responsable, elles donnent de nombreux signaux allant dans ce sens. Et le rouge à lèvres, que l'on étale sur ses lèvres et dont on ingère malgré soi des particules, est particulièrement concerné par la suppression de tout produit toxique dans ses formules.

COMMENT LE ROUGE À LÈVRES VEUT CONQUÉRIR LES HOMMES

Il reste au rouge à lèvres, ce petit conquérant d'une audace inouïe, une bataille à gagner qui lui ouvrirait de vastes perspectives économiques: convaincre les hommes de l'adopter.

Pour le moment, en Occident, seules quelques stars comme David Bowie, Prince ou Boy George, ou certains groupuscules undergrounds ont osé s'afficher avec du rouge à lèvres. L'Asie, en revanche, connaît un frémissement parce que les hommes y utilisent de plus en plus de cosmétiques et certains, à l'image des stars de la K-pop qu'ils idolâtrent, osent le rouge à lèvres.

Mais la véritable bataille se mène depuis quelques années sur le net, par des influenceurs vedettes associés à des marques prestigieuses qui tentent de convaincre leurs millions de followers de concilier virilité et rouge à lèvres. Mais, pour l'instant, la majorité des hommes reste à conquérir.

INTERVIEW
Kelly Njiké
Fondatrice de Meylaci
et créatrice de rouges à lèvres ethniques

Kelly Njiké, à 30 ans, a réussi un exploit. En seulement deux ans, elle a conçu, financé et lancé une marque de rouge à lèvres afro *et* vegan, qu'elle a ancrée dans des valeurs fortes. Portée par sa communauté, sa marque Meylaci a fait une entrée remarquée dans l'industrie des cosmétiques, où les francs-tireurs et les idéalistes percent rarement.

Quel était votre parcours avant la création de votre marque, Meylaci ?

Je développais et mettais sur le marché de nouveaux produits pour un grand groupe.

Qu'est-ce qui vous a amenée à vous lancer toute seule ?

Un très fort désir d'affirmation de soi, de mon histoire et de ma différence. Un jour, j'ai cessé de vouloir correspondre aux standards de beauté des Blancs et de lisser mes cheveux crépus en utilisant de la soude et des produits nocifs. J'ai aussi pris conscience qu'aucun rouge à lèvres sur le marché n'était adapté à ma carnation et que j'étais obligée de passer cinq à six couches des produits existants pour obtenir une teinte acceptable. Puisque nous étions oubliées des grands groupes, j'ai pris la décision de créer un rouge à lèvres pour les peaux noires.

Pourquoi un rouge à lèvres ?

Parce que c'est le produit phare de l'industrie des cosmétiques, qu'il est comme une arme de réassurance pour les

femmes dont il vient parachever la mise en beauté. Je voulais également un produit susceptible de faire exister très vite ma marque, Meylaci. Le rouge à lèvres m'a semblé répondre parfaitement à mes préoccupations.

Comment lance-t-on une marque de rouge à lèvres quand on est comme vous un franc-tireur ?

C'était un sacré pari. Mais notre génération 2.0 ose s'implanter en face des grandes marques. On sort des cadres et des standards et les réseaux sociaux nous sont d'une grande aide. Je n'aurais pas réussi sans ma communauté numérique qui a contribué, par le biais d'un financement participatif que j'ai lancé en septembre 2019, à la naissance de ma marque.
Ils ont été sensibles au fait que Meylaci se voulait une marque créée pour répondre à un besoin de représentation et de visibilité de la beauté noire. L'objectif, c'est vraiment de combiner la beauté et la valorisation de soi, parce que la beauté commence par là, par la valorisation de qui on est.
Six années plus tard, nous pouvons dire que nous avons atteint notre objectif qui était de combiner la beauté et la valorisation de l'affirmation et l'estime de soi, Aujourd'hui, je suis très contente puisque la marque a déjà un joli succès.

▲

Kelly Njiké, par Margaux Le Moal.

Conclusion

De la nuit des temps à nos jours, le rouge à lèvres se révèle être bien plus qu'un simple tube télescopique, bien plus que des onguents et mixtures colorées peintes sur les bouches par souci esthétique. Si les femmes (et les hommes) ont toujours peint leurs lèvres selon leurs désirs, qui aurait imaginé à quel point cette pratique ne pouvait se réduire à un simple plaisir ornemental, une simple particularité de maquillage ?

Bien plus qu'une question de beauté, le rouge à lèvres témoigne d'une histoire qui dépasse le simple attrait esthétique. D'aussi loin que les historiens parviennent à remonter dans leurs recherches, tous s'accordent sur le fait qu'il est un extraordinaire marqueur sociologique commun à la plupart des civilisations.

D'abord, comme nous l'avons vu, en Égypte ancienne ainsi que dans d'autres civilisations (sumérienne ou minoenne), se maquiller les lèvres témoignait d'une appartenance à une classe sociale supérieure. Un marqueur social que l'on retrouve au fil des siècles, comme à la Renaissance où les teintes et la façon de dessiner les lèvres indiquaient également le rang social.

Sociologiquement encore, il est intéressant de constater que le rouge à lèvres catalyse et reflète les rapports entre les hommes et les femmes. S'il fut un argument philosophique des Grecs de l'Antiquité pour asseoir les règles d'une société patriarcale, il demeura l'ennemi des religieux, du Moyen Âge aux puritains de notre siècle. Le rouge à lèvres n'était qu'un affront à la nature pour les uns, un affront à Dieu pour les autres, une marque de vanité pour les deux, un apparat qui menaçait la structure familiale et son bon ordre. Tous s'accordant sur un point : le rouge sur les lèvres représentait un terrible outil de séduction qui renvoyait (et renvoie toujours) inévitablement à la sexualité.

Mais plus qu'un signe d'appartenance à une catégorie sociale ou une menace pour la morale, au fil de son histoire, le rouge à lèvres se sera finalement révélé politique. Il sera des premiers combats féministes aux États-Unis comme en Europe, des combats d'émancipation plus récents en Iran ou en Afghanistan, des combats des deux guerres mondiales, des combats écologiques et de santé publique aujourd'hui.

Si à travers les millénaires, comme le précise Sarah Schaffer dans son étude qui retrace l'histoire de la réglementation sociale et juridique du lipstick, le rouge à lèvres est toujours passé, par « des sommets de popularité aux profondeurs de l'inacceptabilité sociale », telle une arme de liberté et d'égalité, le rouge bénéficie encore de nos jours d'un pouvoir quasi mystique: une marque visible sur le visage, une force invisible pour l'esprit.

Une force que dépeint Geralyn Lucas dans *Why I Wore Lipstick To My Mastectomy*, ce récit autobiographique qui relate l'histoire vraie de son combat contre la maladie, de l'opération qui menace de l'amputer de sa féminité et de sa demande extraordinaire aux infirmières et aux chirurgiens: pouvoir porter du rouge à lèvres pendant l'intervention, comme une armure pendant un combat, pour ne perdre ni la force, ni la confidence, ni sa féminité dans une épreuve finalement surmontée.

Crédits photographiques

p. 14: Bridgeman Images/© NPL - DeA Picture Library/G. Dagli Orti
p. 14: Bridgeman Images/© NPL - DeA Picture Library/G. Dagli Orti
p. 16: © Sylvain Collet
p. 18: Photononstop/Artokoloro
p. 19: Photo © RMN-Grand Palais (musée du Louvre)/ Maurice et Pierre Chuzeville
p. 20: Photo © RMN-Grand Palais (musée du Louvre)/Franck Raux
p. 21: Photo © The British Museum, Londres, Dist. RMN-Grand Palais/ The Trustees of the British Museum
p. 23: Photo12/Alamy Stock Photo/ Reading Room 2020
p. 25 (1): Photo © RMN-Grand Palais (musée du Louvre)/ Maurice et Pierre Chuzeville
p. 25 (2): Bridgeman Images/Farabola
p. 25 (3): Photo © RMN-Grand Palais (musée du Louvre)/Hervé Lewandowski
p. 26: Bridgeman images
p. 28: Bridgeman Images/ © NPL – DeA Picture Library
pp. 30-31: Bridgeman Images/Ancient Art and Architecture Collection Ltd.
p. 32: © Sylvain Collet
p. 34: © Collection Kharbine-Tapabor
p. 35: Bridgeman Images
p. 36: Opale.photo/© NPL
p. 38: Bridgeman Images/Mondadori Portfolio/Archivio Giorgio Lotti/ Giorgio Lotti
p. 40: © Sylvain Collet
p. 41: Akg-images
p. 42: © Sylvain Collet
p. 49: © Hannah Assouline
p. 50: Bridgeman Images/©NPL – DeA Picture Library/© Archivio J. Lange
p. 53: Opale.photo/© NPL
p. 54: Photo © RMN-Grand Palais (musée de Cluny – musée national du Moyen Âge)/Michel Urtado
p. 56: Bridgeman Images
p. 57: Sylvain Collet
p. 58: © Ville de Marseille, Dist. RMN-Grand Palais/Benjamin Soligny/ Raphaël Chipault
p. 60g: MaxPPP/EPA/CJ Gunther
pp. 60d-61: Akg-images/Horizons
p. 62-63g: Coll. Christophel/ Heritage Images/© Fine Art Images
p. 63d: Bridgeman Images/ © Archives Charmet
p. 64: Photo ©RMN-Grand Palais/ Hadiye Cangökce/C. Cetin
p. 67: Bridgeman Images/ ©University of Glasgow Library
p. 69: Bridgeman Images/ © NPL – DeA Picture Library
p. 70 et p 72: © Sylvain Collet

p. 73: Aurimages/
©The Granger Coll. NY
p. 74: Adobe Stock/Björn Wylezich
p. 76: Paris Musées/Musée Carnavalet
p. 79: Bridgeman Images
p. 82: © Sylvain Collet
p. 85: DR
p. 88: Opale.photo/© Fineart
pp. 91, 92 et 95: Paris Musées/
Musée Carnavalet
p. 96 g: Coll. Christophel/The Granger Collection/© The Granger Collection, NY.
p. 105: Akg-images/De Agostini/
Biblioteca Ambrosiana
p. 106: Opale.photo/© NPL
pp. 108, 113, 116,119, 120, 125: ©
Sylvain Collet
p. 127: collection de Philippe Grimbert
p. 133: Bridgeman Images/
The Advertising Archives
p. 134: Photo12/Alamy Stock Photo/
Florilegius
p. 137: Sylvain Collet
p. 138: Aurimages/
The Advertising Archives
p. 139g: Sylvain Collet
p. 139d: Bridgeman Images/
The Advertising Archives
p. 141: Le musée du Rouge à lèvres,
© lippenstiftmuseum
p. 146: Akg-images
p. 147, 149 et 151: Aurimages/
The Advertising Archives
p. 155: Aurimages/Mary Evans
p. 156: Bridgeman Images
p. 159: © Sylvain Collet
p. 160: Aurimages/Everett Collection
p. 163: © Maxyme G. Delisle
p. 167: Photo12/Alamy stock Photo/
Retro AdArchives
p. 168: Photo12/Alamy Stock Photo/
Hera Vintage ads
p. 170: **S**ylvain Collet
p. 173: @taglialatella, © parislovetrash
p. 177: Aurimages/Everett Collection
p. 178: Bridgeman Images
p. 181: Photo12/Alamy Stock Photo/
Anwar Hussein
p. 185: © Ezra Petronio
p. 189: © Collection T. Dworzak/
Magnum Photos
p. 195: Sylvain Collet
p. 199: © Margaux LeMoal

Direction éditoriale : Laurent Nunez
Coordination éditoriale : Marc Decoudun
Préparation de copie : Sophie Loria
Relecture : Clément Bénech
Création graphique : Gabrielle Ferry
Couverture : Mélinda Fiant
Artiste visuel : Sylvain Collet
Iconographie : Marie-Pascale Meunier
Photogravure et prépresse : Labogravure et Arthur Caillard
Fabrication : Marianne Sigogne et Jérôme Cordier

MIXTE
Papier | Pour une gestion forestière responsable
FSC® C106600
FSC www.fsc.org

La pâte à papier utilisée pour la fabrication du papier de cet ouvrage provient de forêts certifiées et gérées durablement.

Imprimé en Slovénie par DZS Grafik d.o.o.
Dépôt légal : octobre 2023 - N° d'édition : 73350461-01